CW01083182

TÚ GANAS / YO GANO TODOS PODEMOS GANAR

Cómo resolver conflictos creativamente

HELENA CORNELIUS Y SHOSHANA FAIRE

Gaia Ediciones

Primera edición: septiembre 1995
Quinta edición: febrero de 2003

Dedicado a
Stella Cornelius, AO, OBE,
cuya sabiduría y compasión
nos inspiran constantemente.

Título original: *Everyone can win*

Publicado por convenio con Simon & Schuster Australia, una división de
Paramount Communications, Inc.

Traducción: Edilia Vidal-Porcu
Ilustración de portada: Roger Roberts
Diseño de portada: D.I.M.A.

© Helena Cornelius y Shoshana Faire, 1989

De la presente edición en castellano:
© Gaia Ediciones, 1998
    Alquimia, 6
    28933 Móstoles (Madrid) - España
    Tels.: 91 614 53 46 - 91 617 08 67
    e-mail: editorial@alfaomega.es - www.alfaomega.es

Depósito Legal: M. 2.984-2003
I.S.B.N.: 84-88242-27-1

Impreso en España por: Artes Gráficas COFÁS, S.A.

Índice

Agradecimientos

En primer lugar quisiéramos dar las gracias a los miles de participantes en los cursos de Resolución de Conflictos que han ensayado, pulido y ampliado cada una de las habilidades de este libro y nos han suministrado información al respecto para que así pudiéramos mejorar nuestro programa.

Nos gustaría reconocer particularmente nuestra gratitud a dos grandes profesores por la gran cantidad de conceptos claves que nos proporcionaron: Robert Kiyosaki, del Excellerated Learning Institute, y Thomas Crum, de Windstar Foundation y Aiki Works.

Muchos miembros de The Network han contribuido con su experiencia. Un agradecimiento particular para Daniel Braham, Gill Goater, Patricia Jansen, Mike Minehan y Kerrie Murray. Rita Spencer ha colaborado con importantes aportaciones en el capítulo 7 sobre cómo tratar la falta de deseo de resolución de los demás, así como en el capítulo 11 sobre los creadores de conflictos.

Gracias igualmente al doctor Greg Tillet, de la Conflict Resolution Foundation de la Universidad Macquarie, y a Jennifer David, de la Australian Commercial Disputes Centre por sus aportaciones al capítulo sobre la mediación. Nuestro agradecimiento a Sonya Hall por su incansable procesamiento del texto a lo largo de tantos borradores; y a Stella Cornelius, quien cada mañana a las 6,30 transcribía lo que había escrito el día anterior; y a Debbie, Kerry y Martin, que aguantaron con paciencia nuestras interminables discusiones respecto a cada sección. Gracias también a Simon & Schuster y a dos personas maravillosas: nuestra editora Susan Morris-Yates y Kirsty Melville que apoyaron la visión del libro acabado.

Y, finalmente, nuestro agradecimiento a ti, lector, por tu compromiso en buscar un camino mejor.

Prólogo

«Tú ganas / Yo gano» es un nuevo concepto que pretende eliminar la necesidad de que alguien pierda para que otro pueda ganar, pues demuestra cómo todos podemos ganar algo en cualquier interacción. Así, la imagen de victoria o derrota se reemplaza por la de asociación ante la resolución de un problema. Las ideas que se dan en este libro provienen del sentido *común;* sin embargo, no son todavía muy *comunes.* Por lo general, las personas en conflicto no prestan tanta atención a las necesidades de los demás como a las suyas propias, pero tenemos la esperanza de que después de leer el libro tú serás partidario del enfoque «Tú ganas / Yo gano». En él encontrarás muchas pautas para convencer a tu oponente, limitado al enfoque «Yo gano / Tú pierdes», de que «Tú ganas / Yo gano» es una forma mejor de jugar: la mayoría de las veces recibirás más de lo que buscabas, y lo mismo las personas que te rodean. Por supuesto, habrá momentos en que *parece* que no ganas, pero habrás transformado la situación en una oportunidad.

El ámbito de actuación de la *resolución de conflictos* es inmenso, pero no ha sido todavía totalmente definido. En 1986, Año Internacional de la Paz, la Asociación de las Naciones Unidas de Australia fundó la Organización de Resolución de Conflictos como parte del programa por la paz. Su propósito era desarrollar, enseñar, implementar y aprender los conocimientos sobre esta temática para lograr mayor eficacia en el área personal, profesional e internacional. El punto de partida para lograr la paz en el mundo es afrontar eficazmente los conflictos en nuestra vida diaria.

Al observar personas en conflicto y tomar ejemplos de áreas tan diversas como la administración de empresas, la educación infantil, la psicología, las artes marciales, el desarrollo personal y el razonamiento crítico, la Organización de Resolución de Conflictos recopiló cuidadosamente una serie de conocimientos claves. Estos conocimientos pronto se transformaron en «archivos» útiles para clasificar una amplia variedad de conceptos y literatura sobre el tema de la resolución de conflictos, lo cual se transformó en la esencia del programa de enseñanza. Su importancia y utilidad en el desarrollo de la vida de las personas se han comprobado claramente.

Así, la Organización de Resolución de Conflictos ha ayudado a gente en negocios, en el gobierno y en organizaciones comunitarias aplicando los programas que imparten aquellos conocimientos en las escuelas y universidades (por ejemplo, Derecho, Planificación Urbana, Medicina, Enfermería, Asistencia Social, Psicología, y Comunicación). Se ha comprobado que los conocimientos han sido particularmente útiles para los gerentes, sindicatos, el personal que está en contacto directo con el público en cualquier organización , funcionarios encargados de recibir quejas, grupos aborígenes, políticos, grupos en favor de la paz y del medio ambiente y otros muchos que se pueden encontrar en conflicto. Se trata de las habilidades que pueden ayudar a las personas a moverse desde una posición de «adversario» hacia una de cooperación: un enfoque óptimo para los negocios, las actividades comunitarias y las relaciones personales.

Tú ganas / Yo gano ofrece herramientas, no reglas. Cada capítulo presenta una de las doce «piezas» de tu «caja de herramientas». Así como una herramienta se puede utilizar de muchas formas, también estos conocimientos se pueden transferir a través de las diferentes esferas de actividades. Los conocimientos que se le enseñan a un niño pequeño son básicamente los mismos que necesita un diplomático internacional. A las siete de la mañana puedes utilizar una «herramienta» en la cocina y encontrar que horas más tarde la necesitas de nuevo en una reunión de negocios. Cuando elegimos nuestros ejemplos y anécdotas reflejamos esta variedad de contextos y el carácter transferible de las habilidades.

¿Cuáles son las herramientas que contiene esta caja? He aquí una breve descripción:

Capítulo   1 *Tú ganas / Yo gano*: se respetan las necesidades de todos.

Capítulo   2 *Respuesta creativa*: los problemas se transforman en posibilidades.

Capítulo   3 *Empatía*: las herramientas de comunicación desarrollan compenetración. Observa cómo es la situación desde el lado opuesto. Escucha para que te hablen.

Capítulo   4 *Asertividad apropiada*: ataca al problema, no a la persona. Explica cuál es la situación para ti. Habla para que te escuchen.

Capítulo   5 *El poder cooperativo*: disuelve las luchas de poder. Crea poder «junto a» la otra persona.

Capítulo   6 *Manejar las emociones*: el miedo, el enfado, el dolor y la frustración se pueden afrontar sabiamente para lograr un cambio efectivo.

Durante un conflicto tal vez solamente una o dos de estas habilidades serán particularmente útiles para resolver el problema; el resto permanecerá en la caja de herramientas esperando otro contexto. Utiliza la lista de comprobación que figura en el Apéndice para analizar el problema detalladamente y decide rápidamente cuál es la herramienta más necesaria en una situación específica.

A medida que lees *Tú ganas / Yo gano*, trata de asociar los conocimientos con tu experiencia personal. Las anécdotas te pueden recordar incidentes similares, por lo que adquirirás los conocimientos mucho más rápidamente si los relacionas con tus vivencias, en lugar de estudiarlos sólo teóricamente.

Este no es un libro para leerlo una vez y guardarlo. Mantenlo a mano, y consúltalo cada vez que oigas, veas o percibas que se desarrolla un conflicto. Escribe y coloca en algún lugar prominente una frase pertinente de alguna de las anotaciones claves que aparecen en el margen, o lee el resumen de un capítulo con alguien. Trabaja con el libro hasta que forme parte de tu vida: «amar al prójimo» requiere conocimientos y práctica.

La meta de *Tú ganas / Yo gano* es celebrar el conflicto, no suprimirlo. Este libro ha sido diseñado para ayudar a lograr lo que se quiere y para ver el conflicto como una oportunidad creativa. La resolución satisfactoria de conflictos crea energía, alegría y sensación de logro, de modo que los hogares se vuelven fábricas de autoestima, las escuelas se transforman en laboratorios de descubrimiento, los lugares de trabajo se vuelven hábitats de apoyo mutuo y crecimiento, y el planeta puede lograr la cooperación por parte de toda la comunidad mundial.

¿Quieres conseguir relaciones más completas? ¿Deseas que se hagan más cosas y que se hagan mejor? ¿Quieres tener más alegría en tu vida? ¡CONTINÚA LEYENDO!

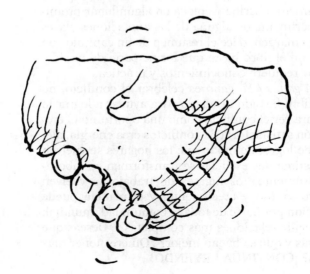

Introducción al conflicto

¿Alguna vez has salido dando un portazo? ¿Te has sentido muy ofendido por algo que dijo alguien? ¿Te has peleado alguna vez con tu madre? Si la respuesta a alguna de estas preguntas es sí, entonces has estado en conflicto.

¿Has deseado alguna vez haber podido encarar el conflicto de una forma diferente?

De una forma o de otra, has estado implicado en conflictos toda tu vida, y ya has desarrollado algunos conocimientos; tal vez desees adquirir algunos más. Ese es el tema de este libro.

Como individuos con necesidades, gustos, puntos de vista y valores diferentes es inevitable que encontremos conflictos; lo importante es cómo los afrontamos.

Se puede generar un conflicto en relación a la cerca del patio de una casa o a las fronteras nacionales; a la limpieza de la cocina o a la del medio ambiente; y todo ello puede involucrar nuestras relaciones más íntimas o contactos casuales. Cuando las personas no pueden tolerar las diferencias morales, culturales, religiosas o políticas de otros, el conflicto es inevitable y a menudo costoso.

Los conflictos pueden abrir flujos de cambio y proporcionar desafíos. Las aportaciones de la *resolución de conflictos* no garantizan una solución para todo, pero pueden transformar el conflicto en una oportunidad para aprender más acerca de uno mismo y de los demás.

Para empezar, considera lo que sucede cuando surge un conflicto. ¿Qué pasa cuando se aborda mal o se ignora? Considera la siguiente lista:

ansiedad	soledad
retirada	enfado reprimido
postergación	pérdida de producción
impotencia	lasitud
confusión	resentimiento
deterioro	tensión arterial alta
negación	estrés
separación	cansancio

intensificación   enfermedad
polarización   ¡platos rotos!

¿Qué ocurre en cambio cuando se encara un conflicto adecuadamente? Considera la segunda lista:

sensación de que todo funciona bien   sensación de logro
comodidad   sensación de expansión
alegría   trabajo de equipo
vitalidad   cambio
felicidad   crecimiento
franqueza   relaciones expansivas
eficiencia   paz
sensación de poder   relajación
alivio   buena salud
camaradería   sueño revitalizante

El conflicto es una oportunidad

El conflicto puede ser negativo o positivo, constructivo o destructivo, depende de lo que hagamos con él. Indudablemente muy raras veces se mantiene estático, ya que puede cambiar en cualquier momento. Podemos a veces variar su curso simplemente contemplándolo desde otro punto de vista. Incluso podemos transformar nuestras peleas en diversión...

Sin embargo, transformar el conflicto de esta forma es un arte que requiere habilidades especiales. Lo primero que debemos aprender es que nuestros desacuerdos y diferencias personales son parte de la vida y que es un error evadir los conflictos. La vida puede ser menos dolorosa si aprendemos a anticipar un conflicto en potencia y lo encaramos de una forma constructiva.

La resolución de un conflicto depende del hecho de darse cuenta de cuándo se aproxima. Existen pautas que varían desde lo obvio a lo sutil. Son los *indicios de conflicto*.

INDICIOS DE CONFLICTO

Crisis

Una crisis es un indicio evidente. Cuando alguien abandona una relación o un trabajo es obvio que ha habido un conflicto que probablemente no se ha resuelto. La violencia es un indicio claro de crisis, así como las discusiones acaloradas en las cuales la gente se insulta y se deja dominar por las emociones.

Durante las crisis la conducta normal se arroja por la borda, se consideran medidas extremas y a veces se llevan a cabo.

Tensión

La tensión es otro indicio claro. La propia tensión distorsiona la percepción que se tiene de la otra persona y de casi todo lo que ésta hace. La relación se llena de actitudes negativas y opiniones preconcebidas. La manera de considerar a la otra persona empeora significativamente. Toda la relación es una fuente de preocupación. Una situación tensa es como paja seca esperando una chispa para encenderse. Cuando una pareja está sentada a la mesa y él dice: «Pásame la sal» y ella contesta: «¿Ya no te gusta cómo cocino?», es muy probable que algún incidente anterior haya llevado a este intercambio. Tal vez él haya llegado tarde algunas veces y ella haya sacado conclusiones sin tener mucha evidencia en la cual basarse: muy probablemente ha sido todo un malentendido.

Malentendidos

La gente a menudo crea malentendidos cuando hace suposiciones acerca de una situación, por lo general a causa de una comunicación poco clara o por falta de compenetración. A veces el malentendido se crea porque se ha tocado un asunto delicado para alguien. Probablemente sus pensamientos continúan volviendo al mismo problema, y la percepción de éste se distorsiona.

Incidentes

La pista de que experimentas un incidente de conflicto suele ser secundaria: algo poco importante ocurre que te deja con una sensación de preocupación o irritación sólo por un tiempo, por lo que a menudo el problema se olvida a los pocos días. En nuestro ejemplo de «Pásame la sal» y «¿Ya no te gusta cómo cocino?», la tensión de ella y el malentendido pueden haber sido precedidos de algunos pequeños incidentes, tal como el olvido por parte de él de llamarla por teléfono un par de veces al día. «Mejor no armar un lío» —pensó ella en esa ocasión; pero estas pequeñas omisiones siguieron bullendo en el fondo de su mente. En sí mismo un incidente es un problema sencillo, pero si es mal comprendido puede adquirir mayores proporciones.

Incomodidad

La incomodidad es la sensación intuitiva de que algo está mal, aunque uno pueda no darse cuenta realmente de qué es. Este es el momento en que la intuición merece una atención respetuosa; de hecho, puedes darle la bienvenida. Pregúntate: «¿Hay algo que podría hacer *ahora* al respecto?». Pronto te descubrirás siguiendo una línea de acción que nunca antes se te había ocurrido, aunque en otras ocasiones quizás no puedas hacer nada más que permanecer alerta.

Si aprendes a reconocer los indicios de incomodidad y los incidentes, y los tratas enseguida, muchas veces podrás evitar la tensión, el malentendido y la crisis.

Busca los indicios de conflicto

RESUMEN

El primer paso en el arte de resolver conflictos es considerar éste como una oportunidad y tener en cuenta los *indicios que le delatan.*

CAPÍTULO UNO

«*Tú ganas / Yo gano*»: *¿contrincantes o compañeros?*

El enfoque «Tú ganas / Yo gano» no se le ocurre naturalmente a todas las personas, pues requiere conocimientos que algunos de nosotros tal vez no hemos adquirido en la niñez.

Tan pronto nos encontremos en medio de un conflicto o cuando veamos que uno se aproxima, podemos *elegir* nuestra actitud. Sin embargo a veces lo hacemos, y caemos en una reacción refleja. Podemos pensar que nuestra reacción es natural, pero muchas de nuestras reacciones «naturales» son realmente hábitos, algunos de ellos adquiridos en las primeras etapas de nuestra vida. Si siempre encaras los conflictos del mismo modo, estarás cayendo en uno de los varios «hábitos de conflicto».

RETIRADA

Cuando te retiras física o emocionalmente de un conflicto, tal vez por temor a la confrontación, pierdes la oportunidad de dar tu opinión sobre lo que sucede.

Sin embargo, resulta una sabia medida retirarse cuando el conflicto no es de nuestra incumbencia y nuestra ausencia no afecta a lo que está sucediendo. Incluso puede resultar una respuesta útil si ello dirige la atención hacia una crisis que se había descuidado.

Por otra parte, en lugar de contribuir a una solución, puedes incitar a alguien a que se dé por vencido demasiado fácilmente, a que se vuelva muy exigente, o a que también se retire. Retirarse puede dar como resultado que el problema se agrande desproporcionadamente. Debes tener cuidado además de que tu retirada no sea un castigo para alguien. A veces esta estrategia se usa, consciente o inconscientemente, para conseguir que alguien cambie de parecer.

¿Te retiras para castigar?

Las reacciones que se nombran a continuación son todas formas de retirada. Piensa en lo que pasa cuando no estás de acuerdo con alguien y considera si alguna tiene que ver contigo...

- ¿Dejas de hablar?
- ¿Te retiras hecho una furia?
- ¿Te retiras herido?
- ¿Te ofendes?
- ¿Te deprimes?
- ¿Ignoras a la persona?
- ¿Haces comentarios mordaces sobre ella después?
- ¿Actúas en términos de «negocios» solamente?
- ¿Dejas de preocuparte por ella?
- ¿La borras de tu lista de amigos o socios?

SUPRESIÓN

El rechazo a reconocer el conflicto es el hábito al que recurrimos cuando necesitamos la paz a cualquier precio. La supresión tiene sentido, no obstante, cuando la confrontación por un pequeño problema supone mucha presión para la relación, o cuando los demás no están listos para escuchar lo que tienes que decir. A veces se puede conservar una relación al optar por tener tacto en vez de una sinceridad devastadora. Otras veces los conflictos pueden disolverse simplemente manteniendo una actitud amistosa.

El «cualquier cosa por la paz» es peligroso

Suprimir un conflicto significa no hablar de lo más importante. Si callas, la otra persona no sabe lo que te está pasando: aunque perciba que algo no está bien, puede no darse cuenta de cuál es realmente el problema.

Durante un conflicto...

- ¿Actúas como si no pasara nada?
- ¿Continúas con lo tuyo a pesar de todo?
- ¿Lo toleras por amor a la paz?

- ¿Te haces reproches después por haberte alterado?
- ¿Utilizas tus encantos para lograr lo que quieres?
- ¿No dices nada en el momento pero luego tramas algo?
- ¿Te guardas todos los malos sentimientos?

Todas estas son formas de supresión.

YO GANO / TÚ PIERDES

La actitud de «uno gana y el otro pierde» está impulsada por una compulsión inconsciente de protegerse del dolor de estar equivocado. El enfoque «Ganador / Perdedor» es una lucha por el poder en la cual una persona se erige como triunfadora. A veces, sin embargo, es necesario que una persona con experiencia y con autoridad (por ejemplo un jefe, un padre o un maestro) imponga las reglas para beneficio de todos. Indudablemente es necesario que alguien tome el control si la gente necesita protección a causa de un comportamiento violento o temerario. El enfoque «Yo gano/ Tú pierdes» muy raramente es una respuesta a largo plazo: el perdedor tal vez no apoye una decisión en la que no ha tomado parte y hasta puede tratar de sabotearla. El perdedor de hoy puede rehusar cooperar mañana.

Cuídate del perdedor

Estas son algunas tácticas del enfoque «Yo gano/ Tú pierdes». A veces tú...

- ¿Te propones probar que la otra persona está equivocada?
- ¿Te pones de mal humor hasta que cambia de opinión?
- ¿La haces callar con tus gritos?
- ¿Te pones violento?
- ¿Rechazas un «no» por respuesta?
- ¿Impones las reglas?
- ¿Te burlas de ella?
- ¿Consigues aliados para que te apoyen?
- ¿Exiges que la otra persona ceda para salvar la relación?

PACTO

El pacto requiere algunas habilidades negociadoras, de manera que todos puedan ganar algo. Parece justo: ¿cuánto para ti?, ¿cuánto para mí? Pero ello puede implicar que no existe lo suficiente para que todos puedan tener lo que les gus-

¿Podrías conseguir un «pastel» más grande?

taría. No obstante, por lo general dividir algo equitativamente se acepta como lo más justo. Si no puedes hacer un «pastel» más grande, por lo menos todos comparten lo que hay.

La desventaja del pacto es que una parte puede exagerar su posición para parecer magnánima, o una persona puede ceder mucho más que la otra. A veces ninguna de las partes se siente demasiado convencida de un plan que no alcanza el nivel deseado. Si las opciones no se exploran con profundidad, un pacto puede acabar siendo algo inferior a la mejor solución.

Durante un conflicto, logras...

- ¿Mantener la amistad?
- ¿Identificar qué es lo justo?
- ¿Dividir el premio equitativamente?
- ¿Evitar imponer tu voluntad o hacer valer tu posición?
- ¿Ganar algo para ti mismo?
- ¿Evitar una discordia?
- ¿Ceder un poquito para poder conservar la relación?

La retirada, la supresión, el enfoque «Yo gano / Tú pierdes» y el pacto son los cuatro hábitos más comunes del conflicto. Siempre que éste bloquea la flexibilidad surgen dificultades, especialmente cuando persistimos en tratar de reafirmar nuestro punto de vista en lugar de calmarnos, o al fingir que todo está bien cuando deberíamos tratar de llegar a unas concesiones mutuas. La retirada, la supresión, el «Yo gano / Tú pierdes» y el pacto son adecuados en ciertos casos, pero necesitamos habilidad y flexibilidad para sacar provecho de este repertorio.

«TÚ GANAS / YO GANO»: TODOS GANAMOS

Hay que agregar una estrategia más a ese buen repertorio del conflicto: el enfoque «Yo gano / Tú ganas». Comúnmente se cree que para que haya un ganador debe haber también un perdedor, y esto es verdad cuando se trata del deporte competitivo, pero no es una regla fija en otros aspectos de la vida. En muchas circunstancias todas las personas involucradas pueden ganar algo. En vez de «Quiero ganar, por lo tanto es mejor que no te deje ganar a ti», prueba: «¡Quiero ganar y quiero que tú ganes también!». En vez de «Ellos son más grandes y más fuertes que yo, es mejor que les venza o que se rindan: o tú o yo», prueba a decirte: «Tú *y* yo».

La ventaja del enfoque «Tú ganas / Yo gano» es que descubres soluciones más amplias y las relaciones se hacen mejores y más fuertes; cuando las dos partes ganan, ambas están vinculadas a la solución. Si vas a tratar con una persona más de una vez (y aún si no es así), vale la pena hacerlo de una forma justa. ¡Y te sentirás tan bien, que vas a querer repetirlo!

Quiero ganar yo y que tú ganes también

¿Cómo funciona el enfoque «Tú ganas / Yo gano»?

Te encuentras en la cocina con dos personas. Ambas quieren la única naranja que queda. ¿Qué harías? ¿Cortarla por la mitad? ¿Echarlo a suertes? ¿Decidir quién la necesita más? Cuando nos enfrentamos a problemas buscamos soluciones… a veces demasiado rápidas. El enfoque «Tú ganas / Yo gano» requiere que primeramente busquemos más información acerca de la situación y que exploremos las opciones antes de pensar en la solución final.

Retoma las necesidades

Paso 1. Pregunta por qué necesitan lo que quieren

Volvamos a la cocina.

Tú: ¿Para qué quieres la naranja?

Una de las personas: Tengo sed, quiero el jugo.

Tú: ¿Para qué quieres la naranja?

La otra persona: Quiero hacer una pastel, necesito la cáscara.

¿Dónde se encajan las diferencias?

Paso 2. Averigua dónde se encajan las diferencias

Nuestro ejemplo muestra dos personas que quieren lo mismo por diferentes razones. Esto no es sorprendente. Las diferencias individuales, de personalidad, propósito e interés crean constantemente una divergencia de necesidades, en las que sólo repararás si tratas de buscarlas.

Diseña nuevas opciones

Paso 3. ¿Cuáles son las opciones? [1]

Cuando una persona quiere el jugo y la otra la cáscara, la respuesta es obvia ya que cada una puede tomar lo que quiere. A veces las soluciones «Tú ganas / Yo gano» son fáciles; pero en otras ocasiones no resulta tan simple; por ejemplo, si ambos quieren la naranja porque tienen sed. ¿Cuáles son las opciones en este caso? El arreglo obvio es compartir el jugo. También se puede agregar azúcar y agua; comprar más naranjas; o que uno de los dos busque otra cosa para beber.

Lo hacemos mejor juntos

Paso 4. Coopera

Puedes, por tu cuenta, volver a las necesidades, ver dónde convergen las diferencias y diseñar nuevas opciones, pero es mucho más efectivo si cooperas. De esta forma dejas claro que estás tratando a la otra persona como un compañero, y no como a un contrincante. Cuando los dos estáis de acuerdo en cuál es la mejor opción, la relación por lo menos se mantiene, y en el mejor de los casos mejora. Verdaderamente, se logra más que si te quedas enfadado o te sientes privado de algo.

Si cortas la naranja por la mitad porque ambos tenéis sed, la solución se parecerá a un pacto o al enfoque «Yo gano / Tú pierdes». Pero si la relación se mantiene o mejora, entonces el resultado es diferente. Lo importante de este enfoque es que, aunque no logremos una coincidencia perfecta, buscamos juntos soluciones «Tú ganas/ Yo gano». Con seguridad estamos más cerca de encontrarlas cuando reconocemos y valoramos las necesidades de cada uno.

Estas son algunas pautas para obtener soluciones «Tú ganas / Yo gano»:

• Define las necesidades de todos.

• Trata de prestar atención a las mismas.

- Reconoce los valores de los demás tanto como los propios.
- Intenta ser objetivo y separar el problema de las personalidades.
- Concéntrate en lo que es justo, no presiones.
- Busca soluciones ingeniosas y creativas.
- Sé duro con el problema, pero suave con las personas.

Compañeros, no contrincantes

El enfoque «Tú ganas / Yo gano» crea compañeros, no contrincantes. Implica buscar formas para involucrar y satisfacer a todos, facilitando lograr el éxito en los negocios y enriquecer la vida personal. Si persistes en el hábito «Yo gano/ Tú pierdes», ten cuidado con el perdedor: la compañía que explota los trabajadores puede terminar causando una disensión laboral; la nación que reprime a un grupo étnico puede causar una rebelión; el matrimonio que oprime a uno de los cónyuges puede acabar en una discordia irreconciliable o fracasar.

Quiero lo que es justo para todos

LA ANÉCDOTA DE JUANA

¡Mis dos hijos (de 5 y 7 años) estaban peleando de nuevo! Esta vez era respecto a quién jugaría con el tractor nuevo de Carlos. Pensé: «¿Le ordenaré a Juan que se lo devuelva a Carlos, o es hora de que Carlos aprenda a compartir?». Se estaban poniendo violentos. Tendría que arbitrar una vez más; si solamente pudiera decidir quién tenía la razón... De pronto me di cuenta de que ninguna de las alternativas exploraba las posibilidades y que mi respuesta, cualquiera que fuera, tal vez no sería la mejor manera de enseñarles cómo solucionar sus propias batallas. Era el momento de probar algo diferente. Les pregunté a ambos: «Bueno, ¿qué podemos hacer? ¿qué queréis cada uno?». Traté de mostrarme interesada, curiosa y abierta. Por supuesto, los dos querían
el tractor pero uno de los niños dijo rápidamente: «No me importa si lo usa él hoy, siempre que yo lo pueda usar mañana». Yo estaba sorprendida de cuán rápidamente habían encontrado una nueva opción. ¡Lo que es más, los dos estaban de acuerdo con ella! Pienso que les estaba subestimando. Me sentía mejor también conmigo misma al no ejercer mi autoridad sobre ellos: simplemente los encaminé en la dirección correcta. Carlos jugó con su tractor y al día siguiente observé cómo se comportaban: ¿Le daría Carlos el tractor? ¿Se lo pediría Juan? Juan simplemente dijo: «Hoy es mi turno», y Carlos se lo dio gustosamente. Por fin, no se pelearon por él. ¡No solamente habían encontrado su propia solución, sino que la habían mantenido!

El enfoque «Tú ganas / Yo gano» puede funcionar aunque la confianza entre las partes sea muy limitada. Si existe alguna duda de que la otra persona cumplirá su promesa, se puede hacer un acuerdo recíproco. Por ejemplo: «Haré "X" por ti si tú haces "Y" por mí»; «Si limpias el automóvil te llevaré a la fiesta»; «Te ayudaré con las cuentas si atiendes estas facturas pendientes».

«Tú ganas / Yo gano» es una estrategia exitosa. Para adoptarla no tienes que ser altruista, pues simplemente se busca la resolución del conflicto para obtener beneficios mutuos.

La frase de apertura

Es una buena idea abrir el enfoque «Tú ganas / Yo gano» con alguna frase clave como: «Quiero obtener algo justo para todos (o para ambos)»; lo cual por lo general encaminará las cosas en la dirección correcta. ¡Es muy difícil que la otra persona rechace el principio de justicia! Otra frase de apertura: «Consideremos cómo ambos podemos obtener lo que queremos» (prueba de que no tenemos la intención de pelear). Si la otra persona es difícil de convencer, podemos probar con: «Estoy aquí para resolver los problemas». Sería muy raro que te respondieran: «¡Pues yo no!».

A continuación explora los desacuerdos más profundos, con preguntas como: «¿Por qué te parece esa la mejor solución?»; «¿Cuál es tu verdadera necesidad?»; «¿Qué valores son importantes para ti?»; y «Supón que esto estuviera solucionado...».

Las respuestas a estas preguntas tienen un impacto espectacular sobre la discusión. Necesitas tener a mano la información correcta sobre la solución de problemas en forma cooperativa. También has creado una oportunidad para exponer tus propias necesidades.

LOS DILEMAS DEL ENFOQUE «TÚ GANAS / YO GANO»

Puedes estar pensando que no siempre se podrá llegar a una solución «Tú ganas/ Yo gano». Puedes tener dudas como:

1. ¿Qué pasa con un amigo que nunca devuelve los favores?

Prueba: «Quiero que continuemos siendo amigos, pero es difícil cuando siento que no recibo nada de ti».

2. ¿Qué pasa cuando se hace un negocio con una empresa que parece ir camino de la bancarrota? ¿Tendría que proporcionarles mis servicios?

Prueba a decirles: «Me doy cuenta de que están en una situación financiera muy difícil, pero mi compañía no puede arriesgarse a que no se le pague. Tendré que cobrar en efectivo al entregar la mercancía. ¿Les sería más fácil si se hicieran repartos más pequeños y más frecuentes?».

LA ANÉCDOTA DE SUSANA

Fui al comercio muy entusiasmada el sábado a primera hora. Iba a buscar la cadena musical que había encargado; era un modelo nuevo y estaba concediéndome un capricho. Cuando llegué, el vendedor me saludó diciendo: «Sí, ha llegado, pero es la única que tengo. Quiero dejarla en la tienda como muestra durante el día».

Había deseado tanto estrenarla ese fin de semana que por mi mente pasaron una serie de posibilidades. Al enfrentarme con esta clase de frustración por lo general reacciono impulsivamente, en vez de elegir cuidadosamente el mejor enfoque. Habiéndome empapado recientemente en estudios sobre resolución de conflictos, me encontraba aquí, en el momento de elegir. Podría tomar cualquiera de las siguientes opciones:

- *Reclamar mis derechos en voz alta.*
- *Recordarle que se había comprometido a vendérmela y que sería mejor que hiciera honor a su palabra inmediatamente.*
- *Tratar de ser amable, dejar que la usara ese día y volver más tarde, aunque fuese una molestia.*
- *Fingir que no la quería realmente para el fin de semana.*
- *Decir: «¡Olvídate, iré a otra tienda.»*
- *Empezar a construir una situación «Tú ganas / Yo gano».*

Si llegábamos a un acuerdo, la última opción nos permitiría acabar como amigos. Me paré allí, pensando cómo hacerlo, esperando que las posibilidades llenaran el silencio. No quería realmente volver, ni irme sin ella. ¡Verdaderamente quería ese aparato! El hombre era muy amable y no quería quedar mal con él. De pronto preguntó: «¿Dónde vive?». Le respondí, y él dijo que pasaba por allí cuando regresaba a su casa. «¿Podría traérmelo más tarde?»

Pensé en esto y me di cuenta de que tenía sus ventajas. No tendría que cargarlo y podría hacer otras compras. No me importaba esperar unas pocas horas; únicamente no me quería quedar sin él el fin de semana.

Este enfoque «Tú ganas / Yo gano» acarreó otros beneficios. Cuando el vendedor me trajo el aparato se tomó el tiempo para instalarlo y para explicarme todo el funcionamiento (probablemente yo no hubiera leído nunca las instrucciones muy atentamente). Tuvimos una conversación placentera y ahora puedo contar con él para que me aconseje. A veces paso solamente a decirle «¡Hola!».

Ambos cedimos un poquito. Él se tuvo que tomar un tiempo extra para traérmelo y yo tuve que esperar unas horas. Fueron concesiones con las cuales los dos podíamos vivir.

La competencia es una oportunidad para el éxito

3. ¿Supones que estás en competencia directa con otra persona por el mismo ascenso?

Procura dejar de preocuparte por los demás y concéntrate en ti mismo. La competencia es siempre una oportunidad para lograr algo, cualquiera sea el resultado.

Lograr o no el ascenso puede o no ser un éxito. El verdadero éxito es hacer lo mejor.

Fortalece tu propio juego en vez de debilitar el de tu contrincante

4. ¿Qué hacer cuando el contrincante (por ejemplo en los negocios o los deportes) es más grande, más fuerte y mejor?

Trata de fortalecer tu propio juego, en vez de debilitar el del contrincante. La anécdota siguiente de la obra *El zen en las artes marciales* ilustra el tema.

«Un alumno de artes marciales resultaba derrotado constantemente durante las prácticas por un contrincante más capaz. Había usado todo el repertorio de movimientos estratégicos y cada uno había sido contrarrestado enseguida. Al fin de la contienda, sintiéndose derrotado, fue a ver al maestro para que lo aconsejara. El maestro, al verlo disgustado, dibujó en el piso una línea de unos dos metros.

—¿Cómo puedes acortar esta línea? —le preguntó. El estudiante observó la línea y dio varias sugerencias, incluyendo cortar la línea en varias partes. El maestro sacudió la cabeza y dibujó una segunda línea, más larga que la primera.

—¿Cómo la ves ahora?

—Más corta —dijo el alumno.

El maestro asintió: —Es siempre más adecuado mejorar tu propia línea o conocimientos, que tratar de cortar la línea de tu contrincante.»

5. Supón que eres el padre de un adolescente que ha robado un automóvil.

Primeramente, ayúdalo a salir bajo fianza: aún necesita tu apoyo. Coméntale cómo te sientes. Dile las sanciones que le impondrás tú y la ley, y explícale cómo se vería afectada su carrera por tener problemas con la justicia. Utiliza el enfoque «Tú ganas / Yo gano». Pregúntale por qué lo hizo y explora más profundamente para encontrar algún problema en su vida que haya podido contribuir a esta conducta extrema. Tal vez haya algo que se pueda o deba hacer para satisfacer sus necesidades de distracción o independencia. Tal vez necesite compañía.

LA ANÉCDOTA DE SONIA

Mi esposo decidió recientemente trabajar por su cuenta como contratista, y necesitaba compartir mi coche hasta que el nuevo negocio se estableciera. Parecía que el acuerdo iba a funcionar porque yo empezaba temprano y terminaba temprano. Él se comprometió a llevarme al trabajo y a pasar a buscarme.

Una tarde se retrasó media hora. Lo explicó inmediatamente: «Los negocios están primero». Después llegó cuarenta y cinco minutos tarde y la excusa fue la misma. «Además —dijo— tú probablemente no tenías nada urgente o especial que hacer.» Esta vez me puse furiosa. Me sentí despreciada y desvalorizada. En efecto, había planeado llevarme trabajo para hacer en mi casa esa tarde y había perdido ya tres cuartos de hora. Además, mi madre venía esa noche a cenar. Mi esposo se había atrasado porque un cliente había llegado tarde a una cita con él.

—¿Por qué no le explicaste que ya tenías un compromiso? —le pregunté-. Podrías haber seguido hablando después de que llegaras u otro día. — Fui brusca con él.

—No pensé que necesitara hacer eso, pensé que veías el progreso de mi negocio como una prioridad —dijo.

—¿Y qué pasa con mi negocio mientras tanto? —le pregunté-. ¿Se supone que tengo que esperar y comprender como la mujercita
paciente? —Los ánimos estaban alterados. Me sentía ultrajada. Sabía que tenía que defender mis derechos. El acuerdo original había sido «Tú ganas / Yo gano», pero estaba fracasando porque él no estaba cumpliendo con su parte del acuerdo.

Me sentí culpable al decirle firmemente: «No puedes usar el automóvil si no eres capaz de mantener tu compromiso de pasar a buscarme a la hora. Comprendo tus prioridades, pero quiero que también mis necesidades sean atendidas. Yo también tengo una vida que vivir». Reconoció que tal vez no tendría que usar siempre el automóvil.

La siguiente vez que lo necesitó pasó a recogerme a tiempo. La verdadera prueba del enfoque «Tú ganas/ Yo gano» llegó cuando me dijo que ¡no usaría el coche porque no sabía si llegaría a tiempo! Ahora que las reglas para una cooperación justa están claras, él sabe que debe pasar a recogerme a la hora correcta cuando toma prestado el coche.

Sonia tuvo que ser muy asertiva para defender sus necesidades en este desacuerdo con su esposo acerca de las prioridades. Sin embargo, era importante corregir el problema. Si el acuerdo no funcionaba para ambos, la relación corría peligro.

6. ¿Qué sucede con la hostilidad directa, como el robo, el asesinato o el terrorismo? ¿Cómo se debería castigar? Debemos responder con firmeza ante la agresión y la

transgresión de la ley. La policía, las prisiones, las fuerzas armadas y la ley tienen papeles esenciales, y difíciles, que cumplir para asegurar la protección, la seguridad y el comportamiento justo. ¿Pero cómo se puede usar la estrategia Tú ganas / Yo gano si los demás rehusan cooperar?

La represalia al terrorismo internacional puede detener la violencia por el momento, pero no resuelve nada; solamente crea un estancamiento.

LA EXPERIENCIA DE JOSÉ

José había comprado una fábrica y estaba planeando renovarla. Compartía el camino particular y el aparcamiento con la fábrica que estaba al lado. El aparcamiento de la otra fábrica estaba asfaltado, pero la parte de José no lo estaba. Cuando llovía, se llenaba de barro, así que se había acostumbrado a aparcar en el asfalto. Los planos de la nueva construcción incluían asfaltar esta parte, pero no podía obtener el permiso municipal hasta que Esteban, el dueño de la otra fábrica, aprobara los planos. Esteban había tenido los documentos en su escritorio durante meses, pero rehusaba firmarlos. José estaba completamente frustrado con esta demora irrazonable y, cada vez que preguntaba por los documentos, Esteban se ponía agresivo. A veces José perdía el dominio y le atacaba: «¿Por qué no apruebas mis planos? Los tienes desde hace cinco meses». Esteban se vengaba llamándolo fastidioso, alborotador, emigrante, y otras cosas por el estilo.

Un día José decidió probar el enfoque «Tú ganas / Yo gano». Fue a ver a Esteban y le preguntó: «¿Me pregunto si no apruebas mis planos porque aparco donde no te gusta? ¿Dónde te gustaría que lo hiciera?». Esteban empezó a enfadarse de nuevo, pero José dijo: «Eh, no me voy a enojar contigo,

estoy buscando una solución. Estoy dispuesto a hacer lo que quieras. Aparcaré en otra parte, excepto cuando llueva».

Así lo hizo José durante varios días. Después llovió. Llamó a Esteban y le dijo: «No he aparcado en el asfalto por un tiempo, pero está lloviendo, ¿qué piensas que puedo hacer? Hay barro por todas partes». Esteban lo único que respondió es que no sabía. José insistió: «He hecho algo por ti. Te he dejado usar esa parte del aparcamiento como si fuera tuya. Pero hoy necesito aparcar en el asfalto. Si puedo asfaltar el otro lado ya no necesitaré aparcar más allí, y haré eso tan pronto como pueda comenzar con la construcción. Quiero ponerme de acuerdo contigo, ¿qué quieres hacer?».

Aunque Esteban no respondió inmediatamente, José sintió que la mala impresión que Esteban tenía de él había mejorado. José le había demostrado que estaba preparado a cooperar; estaba mejor encaminado que cuando había usado el ataque. La posición obstinada de Esteban tardó un poco de tiempo en desaparecer. José fue puesto a prueba muchas veces más antes de que Esteban firmara los planos, pero su actitud perseverante «Tú ganas / Yo gano» ayudó a Esteban a sentir confianza en él.

¡Si las naciones solamente mantuvieran el diálogo! Averigua más acerca del problema. Debemos seguir desarrollando opciones juntos para ganar aun el más pequeño grado de comprensión internacional y continuar trabajando. El enfoque «Tú ganas / Yo gano» tiene una aplicación universal para cualquier otra cosa que se esté haciendo.

La prisión y la privación de la libertad son castigos impuestos a menudo por la ley. Los delincuentes juegan al «Yo gano / Tú pierdes» y la sociedad debe restablecer el equilibrio. Sin embargo, el castigo solamente no es muy efectivo para reeducar un criminal, pues el crimen es a veces la reacción de una persona a muchos aspectos que han ido mal en su vida. Uno de los más básicos es una autoestima muy baja. Algunos delincuentes tienen muy pocos conocimientos de comunicación y no conocen otra forma mejor de obtener lo que quieren. Otros factores pueden ser la falta de educación y de habilidades para ganarse la vida honestamente, o pueden ser víctimas del desempleo. Muchos no han conocido otra cosa más que violencia y falta de consideración todas sus vidas.

El transgresor de la ley merece el castigo de la sociedad, pero también necesita su ayuda. Un día la sentencia ha terminado, abrimos la puerta de la prisión y salen en libertad. ¿A quién estamos dejando salir? ¿A una persona a la deriva, amargada e inadecuada que solamente sabe sobrevivir a través del crimen y la violencia, o a una persona con un nuevo comienzo, quien tiene suficiente sentido de su valor como para no caer en el crimen? ¿Ha desarrollado habilidades para el trabajo y las relaciones personales, es capaz de obtener empleo y ha recibido (tal vez por primera vez) respeto? Un sistema penal que lograra tal transformación sería verdaderamente una victoria para la sociedad y para el recluso.

7. ¿Qué sucede con alguien que rehusa cooperar?

La tarea es siempre continuar con el enfoque «Tú ganas / Yo gano» para demostrarle a todos el valor y los beneficios de la cooperación: no renuncies a él. Adoptar el enfoque «Yo gano/ Tú pierdes» no enseñará sobre la cooperación. La mejor oportunidad de cambiarles es continuar ofreciéndoles una alternativa.

No renuncies al enfoque «Tú ganas / Yo gano»

Si un miembro de la familia no coopera, no le retires tu afecto: continúa ofreciéndole tu apoyo aunque permanezca hostil, y no condenes su mala conducta, simplemente aclara cuánto apoyo deseas darle.

El enfoque «Tú ganas / Yo gano» es a veces un largo proceso que puede requerir perseverancia. Por supuesto, el resultado final es importante, pero es precisamente durante el proceso cuando aparecen los beneficios verdaderos: mejores opciones, respeto mutuo, dedicación y buena voluntad.

RESUMEN

La retirada, la supresión, el pacto, así como los enfoques «Yo gano / Tú pierdes» y «Tú ganas / Yo gano» son todas estrategias para el conflicto a las que puedes recurrir. No obstante la que tiene más éxito es «Tú ganas / Yo gano», y estos son los cuatro pasos a seguir:

1. Averigua por qué necesitan lo que quieren.
2. Averigua dónde se encajan las diferencias.
3. Crea nuevas opciones por las que todos consigan más de lo que necesitan.
4. Hacedlo juntos. Deja claro que sois compañeros, no contrincantes.

Cuando ambas personas ganan, ambas están comprometidas con la solución porque se sienten beneficiadas y han participado en todo el proceso. Lo mejor de «Tú ganas / Yo gano» es que es un enfoque totalmente ético que funciona.

NOTAS

[1] Para obtener mayor información acerca de cómo desarrollar opciones, véase el capítulo 9: *Crear opciones*.

CAPÍTULO DOS

Respuesta creativa: ¿problemas o desafíos?

La respuesta creativa ante un conflicto consiste en transformar los problemas en oportunidades. Esto quiere decir extraer lo mejor de cada situación.

¿Cuántas de estas situaciones te resultan conocidas?

- Una situación que parece irremediable te ha deprimido.
- Un negocio no te ha ido bien.
- Has perdido una oportunidad muy importante.
- Has hecho algo que le disgustó a alguien.
- Cometiste un gran error.
- Pensaste que habías encontrado a la persona de tus sueños y ésta se fue con tu mejor amigo o amiga.

Primer paso: reacción o respuesta

Cuando te enfrentas a una situación desalentadora, lo que necesitas es la habilidad de dar una «respuesta creativa». *Reaccionar* significa *comportarte impulsivamente*, especialmente cuando sientes que no puedes controlar tu conducta o te ves obligado a actuar de cierta forma, pues crees que algo o alguien ha provocado tu reacción. *Responder* significa *comportarse reflexivamente*, sintiendo que se domina la situación en vez de ser dominado por ella.

¿Reaccionarás o responderás?

Cuando alguien cercano a nosotros está de mal humor o no quiere hacer lo que deseamos, podemos reaccionar de varias formas:

- Retirarnos
- Decirles cómo deberían comportarse
- Enojarnos nosotros también
- Pensar en alguna forma de vengarnos

LA ANÉCDOTA DE JUSTIN

Una vez me encontré con un antiguo conocido en un café, y cometí el error de preguntarle cómo estaba. Me bombardeó con sus últimas reflexiones filosóficas acerca de la contaminación del medio ambiente. Yo estaba tan fastidiada que solamente quería irme.

Pensaba: «Éste está loco, ¡qué neurótico! ¿Cómo puede ser tan pesado?».

Entonces detuve mis pensamientos y me dije: «Ah, un conflicto, ¿cuál sería aquí la respuesta creativa? Está bien, es un ser humano. No me gustan realmente sus ideas pero trataré de ver las cosas desde su punto de vista».

Reemplacé en mi mente las palabras «loco» y «neurótico» por algunas preguntas que dieran lugar a una conversación: «¿Qué te gustaría que se hiciera acerca de la contaminación del medio ambiente?». ¡Sus ideas sobre el tema resultaron bastante interesantes! Le pregunté si estaba pensando mudarse de la ciudad y me dijo que lo estaba deseando, pero que su familia no estaba de acuerdo y eso le estaba causando un gran conflicto y mucha confusión. Después de haberme contado eso parecía mas tranquilo, alegrándose de que le hubiera hecho la pregunta y le hubiera escuchado.

Me di cuenta que el concepto que tenía de él había cambiado de algún modo y me sentí más contenta conmigo misma por haberle tratado de esa manera. Cuando nos despedimos sonrió cálidamente. Por lo general, cuando me quiero despedir de él prácticamente tengo que quitármele de encima, pero esta vez me sentí mucho mejor.

Segundo paso: reconoce la situación tal como es

Esto no significa que te guste o que desees esa situación, simplemente acéptala tal como es en el momento. Los juicios de valor pueden impedir el reconocimiento. Mientras estás luchando contra algo, o criticándolo, no se da una verdadera aceptación. Tú te darás cuenta de cuándo realmente has reconocido la situación: puede manifestarse con un suspiro de alivio o diciéndote a ti mismo, por ejemplo: «Está bien, así son las cosas. Sería mejor que dejara de rebelarme contra los hechos y que me pusiera a pensar qué puedo hacer de ahora en adelante».

En primer lugar, trata de comenzar desde el punto en que te encuentras en ese momento.

Reconoce la situación tal como es

Por lo general es mas fácil reconocer las oportunidades desde esta base: una vez que se acepta el problema, éste se vuelve mas manejable. Si alguien está de mal humor, la forma mas rápida de cambiar este hecho es reconocerlo.

El baremo de la perfección

¿Cuánto de tu tiempo y de tus pensamientos dedicas a centrarte en cómo deberían ser las cosas en lugar de en como son en realidad? ¿Tienes ideas preconcebidas acerca de cómo deberían ser las cosas, de cómo se tendrían que comportar las personas, o qué debería suceder? ¿Decides constantemente lo que es cortés o adecuado, o qué es lo eficiente o correcto, o cómo tendrían que tratarte y cómo deberías tratar a los demás?

¿Cuántas veces piensas: «Ella no tendría que hablarme así»; «Él tendría que hacer mejor su trabajo»; «Ella no tendría que sonreírle a los desconocidos»; «Él no tendría que decirme que ha hecho algo cuando no lo ha hecho»; «Ella no tendría que usar ese perfume?». Medimos constantemente a los demás y les encontramos insuficientes. Hay un chiste acerca de un mítico filósofo/ sabio cuyo nombre era «Quién-Lo-Dice», que respondía a los juicios de valor con el comentario: «¿Quién lo dice?». ¡Tú puedes citarlo en cualquier momento!

¿Estás seguro de que tienes razón?

¿Qué pasa con nosotros mismos? ¿Con cuánta frecuencia utilizas la «medida de la perfección» contigo mismo? «Si esto no me va a salir bien, mejor ni lo intento»; «Tengo miedo de no agradar cuando hablo en público»; «¿Estoy bien peinado?»; «¿Estoy bien vestido»; «¿He hecho todo lo que tendría que haber hecho hoy?»; «He comido demasiado»; «No sirvo para...»; y puedes agregar tus propias frases...

Tercer paso: ¿qué puedes aprender de la situación?

Mientras midamos el mundo (incluidos nosotros mismos) con el criterio de la perfección, continuaremos pensando así: «¿Lo hice o lo hicieron bien?»; «Lo hice o lo hicieron mal?»; «Estuvo (o no) bastante bien»; «Mejor no lo intento, podría fracasar»; «No me salió muy bien la última vez, así que mejor no lo vuelvo a hacer»; o «No fueron muy justos (o sí), así que no volveré a preguntarles».

¿Perfección o descubrimiento?

¡Qué frustrante! ¡No poder pensar o actuar sin utilizar el criterio de la perfección! Cambia tu línea de referencia, observa la situación actual y luego imagina cómo podría llegar a ser. ¡Descubre!

Cambia tus pensamientos en esta dirección: «La forma que utilizaron para hacerlo parece interesante, ¿qué podría aprender de ella?»; «Si pruebo a hacerlo así podría aprender algo»; «¿Cómo puedo mejorar la próxima vez?»; «¿Qué podría hacer para que él no se queje constantemente?»; «¿Qué más puedo probar para que mis hijos me ayuden a lavar los platos?»; «¿Qué podemos hacer ahora que estamos más libres, ya que el pedido de nueve millones se ha cancelado?».

¡La vida se vuelve fascinante!

Es importante recordar que la respuesta creativa no es una forma de encubrir los problemas. Decir que todo está bien cuando no es así es como recubrir una manzana podrida con azúcar a punto de caramelo. La respuesta creativa no es eso. No puedes fingir que un error no requiere corrección, o que has hecho un buen trabajo cuando no es así. Tampoco puedes aparentar que disfrutas escuchando las quejas de alguien o actuar como si no te importase no recibir ayuda cuando la necesitas. Es obvio que *debes* pensar y examinar la situación si un contrato se ha cancelado. Mediante la respuesta creativa, reconoces tus sentimientos respecto a cualquiera de estas situaciones y los transformas en una experiencia de aprendizaje. ¡Puedes transformar así la *frustración* en *fascinación*! La próxima vez que estés apretando los dientes por la irritación prueba a decirte: «¡Ah, qué fascinante!».

Cuando la fotocopiadora se ha vuelto a estropear, o un cliente te ha insultado, o los niños han entrado en casa con los zapatos llenos de barro, ¿qué más puedes hacer sino aprender algo de la experiencia? Podrías cogerte una rabieta o ponerte a gritar, y tal vez necesites hacerlo para desahogarte, ¿pero qué ocurrirá después? Analiza cómo se podría prevenir que la situación ocurra nuevamente o qué se puede hacer aún. Esta es la respuesta creativa que te ayudará a encaminarte en la dirección adecuada.

La caída es tan interesante como el siguiente paso

Los niños pequeños que empiezan a caminar se caen con frecuencia y simplemente se levantan y continúan intentándolo. No se preguntan a sí mismos si lo están haciendo bien o mal. Para un niño pequeño una caída puede ser tan interesante como el siguiente paso, porque todo forma parte del *gran experimento.* Se trata solamente de poner un pie delante del otro. Sin embargo nosotros, como adultos, tendemos a perder esta forma inocente de aventurarnos. En lugar de tener la actitud de «el pie derecho primero, y después el izquierdo», intervienen los juicios de valores, y cada paso en la vida se transforma en «el pie correcto o el pie incorrecto».

¿Qué pasa con los errores? Los niños a quienes se les protege de cometer errores pueden crecer demasiado dependientes y extremadamente cautelosos. Los jefes que critican demasiado las equivocaciones por lo general emplean en sus organizaciones a personas que obedecen sin cuestionar. Un presidente que ejerce un control demasiado estricto sobre la población puede provocar una revolución.

Esto no significa que no menciones o corrijas los errores, sino que se trata de ver el error como una magnífica oportunidad para aprender. Te puedes concentrar en el enfoque «Yo gano / Tú pierdes» o en la oportunidad de aprender. Si te concentras en aprender, la pérdida se transforma en una oportunidad de aprendizaje. Lo más importante en la vida no tiene porqué ser ganar o perder: puede ser ganar y aprender. Cuando te caigas, tienes que levantarte y fijarte dónde está el obstáculo, y así poder evitarlo la próxima vez.

¿Qué se puede aprender de la situación?

Esta es una anécdota de la compañía IBM en Estados Unidos. Uno de los ejecutivos cometió un error que le costó a la compañía nueve millones de dólares, y a la semana siguiente fue llamado a la oficina del presidente. Estaba seguro que le iban a despedir, pero el presidente empezó a discutir los planes para un proyecto importantísimo que quería que el ejecutivo dirigiera. Éste, después de algunos minutos, y moviéndose incómodamente en el asiento, interrumpió: «Perdone, señor, pero estoy asombrado, la semana pasada cometí un error que le costo a la compañía nueve millones de dólares, ¿cómo puede ser que me ponga ahora a dirigir este proyecto en lugar de despedirme?».

El presidente sonrió: «¿Despedirlo? Joven, acabo de invertir nueve millones de dólares en su educación; usted es ahora uno de mis mejores valores».

Éste era un presidente que valoraba sobre todas las cosas el deseo de arriesgar y aprender; sabía que eso era un ingrediente fundamental en un ejecutivo de éxito.

* * *

Thomas Edison «fracasó» más de 10.000 veces antes de inventar la bombilla. Cuando se le preguntó cómo pudo persistir después de haber fracasado 9.999 veces, respondió: «No fracasé 9.999 veces: aprendí 9.999 veces cómo no hacer la bombilla».

El aprendizaje incluye la elección de ver las cosas como un experimento interesante, y esto hace más fácil reconocer cuándo se ha cometido un error. Se necesita valor, también, para detener un proyecto que no está funcionando, especialmente si se tiene que admitir que uno se ha equivocado. Si tu autoestima depende del hecho de acertar siempre, cuando no lo hagas te parecerá que tienes graves problemas. Consciente o inconscientemente defendemos nuestra imagen cuando nos enfrentamos a nuestros errores, por lo que nos resultará más difícil reconocerlos si le damos demasiada importancia al hecho de tener la razón.

Deja un margen para los errores

La compulsión de hacer siempre lo correcto reprime la iniciativa. La organización que tolera errores y permite que se corra una serie razonable de riesgos con el propósito de aprender, atrae a un personal dinámico.

Cuarto paso: transformar el conflicto en oportunidad

Vuelve a crear la situación. Tras haber elegido responder, en vez de reaccionar, después de haber aceptado la situación tal como es y habiendo aprendido la lección, es hora de descubrir qué oportunidades se brindan. ¿Podemos transformar la leche en yogur o los limones en limonada? El desafío es adoptar una respuesta creativa ante cualquier situación.

¡Ah, un conflicto! ¡Qué oportunidad!

La respuesta creativa requiere un cambio de perspectiva. ¿Cómo puedes mejorar las cosas? ¿Cómo puedes utilizar el problema para construir algo mejor de lo que tenías anteriormente? ¿Puedes transformar al problema en una puerta hacia nuevas comprensiones?

- Necesitarás zarpar hacia lo positivo. Las afirmaciones son recursos efectivos que te pueden ayudar en esta navegación.
- Tendrás que desprenderte de las actitudes negativas que se esconden detrás de los comentarios casuales. Observa qué lenguaje utilizas para hablar del problema.
- Dirige tu energía con el fin de conectarte con la otra persona en lugar de alejarte de ella. Saluda al problema en vez de rechazarlo.

Afirmaciones

¿Te has preguntado alguna vez cómo te gustaría que salieran las cosas? «Todo va a salir bien», «Todo va a funcionar»: estas son afirmaciones. Las afirmaciones se basan en la hipótesis de que la forma de pensar de una persona determina los resultados que obtendrá.

Si tienes que ir a la fiesta de la oficina de tu esposo/a y piensas que será espantosa, probablemente lo será. Si decides pasarlo lo mejor posible, encontrarás formas de divertirte. La actitud dirige las acciones y ayuda a que las cosas salgan bien: ¡otra oportunidad para transformar la frustración en fascinación!

Ejemplo a): Estás preocupado por una idea que quieres que sea aprobada en el trabajo, y te dices: «¿Es realmente una buena idea? ¿Se opondrán a ella?». Prueba, en cambio, a decirte: «Este proyecto tiene todo lo que requiere para ser un éxito». Cada vez que pienses en eso, y especialmente cuando te empieces a preocupar, repítete la afirmación o escríbela y colócala en un lugar visible.

Ejemplo b): Tendrías que haber llegado a una cita importante a las once en punto. A las diez y cincuenta todavía te faltan veinte minutos para llegar, y la reacción habitual sería apretar el acelerador a fondo; pero en lugar de hacerlo, utilizas una afirmación: «Llegaré a la hora correcta». No sabes cómo sucederá. Tal vez la persona con la cual tienes la cita ha recibido una importante llamada telefónica y se siente aliviada de que tú te hayas retrasado, o tal vez ha tenido el mismo problema que tú en llegar a tiempo. Tal vez encuentres todos los semáforos en verde y no te tengas que detener. En fin, ábrete a todas las posibilidades. Los pensamientos son lo suficientemente poderosos como para cambiar los sucesos sobre los cuales aparentemente no se tiene control. Por lo menos, esta afirmación te ayudará a llegar con un mejor estado de ánimo.

Ejemplo c): Estás llegando al fin de una relación: hasta ahora no habéis podido poneros de acuerdo y os vais a encontrar esta noche para reconciliaros o para separaros. Sea lo que sea que ocurra, quieres que se dé el mejor resultado. Mientras tratas de controlar los nervios, te dices a ti mismo: «Todo va a salir bien».

Lenguaje

Así como una afirmación positiva puede afectar el resultado de una situación, también una afirmación negativa inconsciente puede hacerlo. Ésta puede surgir en comentarios casuales o en frases que denotan impotencia o desesperanza como: «Nunca podré decírselo»; «No me va a escuchar»; «No tiene solución»; «Es inútil tratar de hacer algo»; «Nunca voy a poder terminar este trabajo»; «No puedo tocar el piano».

Tales actitudes nos pueden cerrar las puertas a las oportunidades en la vida. Nuestros comentarios casuales e irreflexivos son afirmaciones que están moldeando activamente la forma que tomarán las cosas. Los problemas toman rápidamente un giro diferente si estamos preparados a corregir de forma deliberada, la manera de pensar y de hablar. Prueba a decirte lo siguiente: «No sé cómo decírselo en este momento»; «Parece que no me escuchara»; «En este momento parece irremediable»; «Todavía no se qué podría ser efectivo»; «Necesito hacer un plan que me ayude a terminar este trabajo»; «Todavía no he aprendido a tocar el piano».

¡Abre puertas, no las cierre! ¡Quién sabe lo que la vida te va a ofrecer, si lo haces! No necesitas rechazar la dificultad a la que te estás enfrentando, sino que puedes apreciar el potencial para el cambio que existe en esa situación. El cinismo, la forma negativa de ver las cosas, y la desesperanza pueden parecer las únicas opciones cuando ya estás atrapado en sus oscuras garras y el mundo parece estar en tu contra. El enfoque negativo puede estar dominando la situación, pero puedes cambiar esta perspectiva y el mundo cambiará también.

Aquello en lo que pienses se hará realidad

Dar la bienvenida al problema

¿Alguna vez has tenido la experiencia de haber pasado un día hermoso y perfecto y luego te has encontrado con una persona que está de muy mal humor? ¿Qué haces en ese caso? Te ofendes silenciosamente porque te han aguado el día? ¿Comienzas a actuar de una manera un poco fría y distante y después te das cuenta de que has dejado de silbar? ¿Te empiezas a sentir un poco abatido, especialmente si te han atacado? Tu frialdad y distancia tal vez afecten a la otra persona y ésta se sienta peor. Te das cuenta de esto y continúas actuando aún más frío y distante, la otra persona se siente aún peor, y es casi seguro que para entonces no la entiendas y no te importe en lo más mínimo. Ahora tú eres parte del problema: la otra persona no quiere hablar y tú tampoco. La relación está prácticamente destruida.

¿Qué ha pasado? Las dos personas han retraído su energía. Cuando estamos bien, contentos y en contacto con otras personas, nos rodeamos de una energía viva, brillante y flexible. Nuestra vitalidad es obvia, la energía se proyecta más allá de nosotros y envuelve la situación en la que nos encontramos. La teoría de que todos los seres vivos emiten una descarga de energía mensurable de alta frecuencia cuenta con un considerable apoyo científico. Los datos más interesantes provienen de una forma de fotografía llamada Kirlian. Este método utiliza alto voltaje para aumentar la energía de la persona lo suficiente como para fotografiar las distintas configuraciones de luz, que varían según el estado de salud y de ánimo del sujeto.

Cuando reaccionamos ante una situación desagradable, nos sentimos abatidos, decaídos o lentos. Esto sucede porque retiramos nuestra energía emocional y física para poder sentirnos separados y hasta distantes de la otra persona. Seguramente conocemos bien el resultado de esta contracción de la energía, y nos damos cuenta cuándo nos sentimos deprimidos, irritados o de mal humor, pero pensamos que es algo que nos han hecho los demás.

Debido a que por lo general no somos conscientes de estos cambios de energía, no nos damos cuenta cuando ocurren. Somos como una luz eléctrica con un regulador que no podemos alcanzar, y es como si la otra persona nos hubiera disminuido la corriente. La mayoría de nosotros no estamos acostumbrados a controlar ese nivel de energía, pero de hecho podríamos hacerlo.

¿Cuáles son las señales, qué pequeños cambios internos ocurren cuando una persona se contrae? Piensa en una comida que detestas, piensa ahora que alguien te obliga a comerla. ¿Qué cambios físicos ocurren en tu boca y tu cuerpo mientras rechazas mentalmente la comida que detestas?

Imagínate ahora que estás hablando con una persona con quien te gusta estar, y luego imagínate que una persona que no te agrada entra en el lugar e interrumpe la conversación. ¿Sientes cómo tu energía se contrae? ¿Qué sensaciones experimentas mientras tratas de disimular tu irritación? Una vez que reconozcas las señales y tomes conciencia de la situación, puedes dirigir tu energía en una dirección más positiva.

¿Te conectarás o te contraerás?

Lo que puedes hacer es expandirte en lugar de contraerte. Dale al interruptor regulador de la corriente y auméntala. Ilumínate, conéctate, expande tu energía para recibir a la situación. Hazlo cada vez que tu energía se reduzca y siente que sería mejor permanecer así. Trata de expandirte cuando estás en una reunión cargada de hostilidad y quieres que las cosas tomen otro cariz. Hazlo cuando te sientas ofendido, o cuando tengas que hablar en público. Hazlo cuando sea un día fantástico, y deseas que sea mejor aún. Un médium podría notar cuándo tomas el control de tu energía, y cualquier persona que esté cerca puede darse cuenta de la diferencia. La forma de responder depende de la circunstancias. Puedes continuar, dejando a la persona que está de mal humor ese día, sin darle demasiada importancia al hecho; puedes hablarle con simpatía y ofrecerle tu ayuda, o puedes ponerle un poco de humor a la situación. Dirige tu energía de manera que puedas conectarte, sé receptivo y expándete en lugar de contraerte.

La expansión es importante pues, en realidad, la energía se irradia. El producto Mousse, similar al fijador para el cabello, se llena de miles de minúsculas burbujas de aire cuando sale del recipiente en aerosol y se expande hasta ocupar mucho más espacio que el equivalente al volumen original. ¡Tú puedes hacer algo similar después de que tu energía se haya expandido hasta llegar a una persona o situación difícil, logrando el mismo efecto que el Mousse!

Sal al encuentro del conflicto, no como un tanque de guerra con las escotillas cerradas, sino saludándolo deliberadamente como a un amigo. Expande tu energía para recibir y dar la bienvenida a la situación. Esto es, en esencia, tomar el conflicto como una oportunidad. Ahora te has encaminado en la dirección correcta: has controlado la forma negativa de pensar, y estás utilizando tu energía para conectarte; ya has creado una salida. Sólo te queda avanzar un paso más y coger la oportunidad de mejorar las cosas.

LA EXPERIENCIA DE CAROLINA

La respuesta creativa consiste en cambiar la situación paso a paso. Una vez tenía que tomar un avión. Estaba apurada, porque me había retrasado, como siempre, y tenía una maleta que pesaba más de lo debido. El empleado del mostrador no parecía muy simpático, y pensé que el atraso y el exceso de equipaje serían la gota que colmaría el vaso en ese día abrumador. Hubiera querido irme a otro mostrador, pero no había ninguno libre. Me dije: «¡Oh, no!» -encogiéndome de hombros y sintiéndome abrumada. Y entonces: «¡Ah, sí! ¿Cómo puedo cambiar esta situación? ¿Respondo o reacciono?». Utilicé el procedimiento Mousse para llegar hasta el empleado *desde lejos, y para aumentar mi propia energía.*
«Podría ser peor -le dije-, podría tener seis maletas pesadísimas y cinco niños llorando.» ¡Por lo menos mi comentario logró arrancarle una semi-sonrisa! Me informó de que no había más asientos cerca de la ventanilla (yo había pedido uno), y le respondí: «¡Bueno, es difícil quejarse cuando he sido yo la que he llegado tarde!». Creo que ya se había dado cuenta de que no iba a descargar en él mi frustración y la sonrisa se expandió un poco más. La respuesta creativa estaba funcionando y no me cobró por el exceso de peso. Le di las gracias, le deseé un buen día y corrí a tomar el avión. Ante una situación difícil hice lo mejor que pude.

RESUMEN

La respuesta creativa consiste en transformar los problemas en oportunidades. Los cuatro pasos son:

1. *¿Reaccionarás* o *responderás?* Elige responder, toma control de la situación y ¡adelante!
2. Reconoce la situación tal como es. Deja de lado la obligación de quedar bien y ser siempre perfecto y de exigir la perfección en los demás; pero no ignores tu deseo de cambiar.
3. ¿Qué puedes aprender de esto? Sé receptivo a lo que podría ocurrir. Pregúntate, descubre, permítete admirarte ante los errores tanto como ante los éxitos. Contempla los problemas como parte de un gran experimento.
4. ¡Ah, un conflicto! ¡Qué oportunidad! Diluye el conflicto utilizando afirmaciones, cambiando el lenguaje negativo y dirigiendo tu energía en otra dirección. Recibe el problema, en lugar de rechazarlo. Haz algo útil. Buscabas una salida, ahora utilízala.

LECTURA ADICIONAL

Visualización creativa, de Shakti Gawain (Ed. Sirio).

CAPÍTULO TRES

Empatía: ¿estimular o cortar la comunicación?

En este capítulo analizaremos cuáles son los factores que bloquean la comunicación, cómo podemos causar una reacción negativa sin darnos cuenta, y qué podemos hacer para mejorar la comunicación con el fin de poder comprender mejor a nuestro interlocutor.

¿CUÁLES SON LOS FACTORES QUE ENFRÍAN LA COMUNICACIÓN?

¿Te ha sucedido alguna vez que cuando estás intentando hablar de un problema te interrumpen con: «Eso no es nada. A mí me pasó...». La otra persona comienza a hablar de sí misma, y te quedas con la sensación de que no te ha escuchado; te sientes ignorado.

¿Has tratado de decir a alguien lo enfadado que estás y te han respondido: «Es estúpido sentirse así»? ¿Cómo te sientes en esas ocasiones? ¿Alguna vez has contestado: «Y tú qué sabes» , y te has ido? O te han dicho: «No te preocupes». ¿Qué oportunidad tienes de expresar tu preocupación? Ciertamente, ninguna, por lo menos con esta persona.

Es fácil cortar o enfriar la conversación. Lo hacemos todo el tiempo, consciente o inconscientemente. Si realmente no queremos continuar con el tema, está bien, pero por lo general no es esa

¿Coincide la obra del escenario con la película de tu cabeza?

la intención. Tal vez estemos enfriando la comunicación sin darnos cuenta, debido a los malos hábitos, es decir, a las formas de reaccionar que hemos aprendido sin considerar otras alternativas.

Quizás, por ejemplo, estemos preocupados con lo que le está sucediendo a la coreografía de nuestro plan de acción, y ensayemos lo que vamos a decir a continuación. A veces es como si pasara una película por nuestra mente, y estamos tan absortos que no escuchamos a los demás. Otra de las causas de la mala comunicación puede ser nuestra inseguridad a la hora de tratar con la otra persona, especialmente si está enojada o disgustada. En ese caso optamos por callar, o pensamos que hemos cometido un error.

Existen expresiones muy comunes «asesinas de la comunicación», que utilizamos regularmente; también caemos inconscientemente en nuestras propias variaciones. A continuación tómate algunos minutos para contestar las preguntas en los espacios en blanco. ¿Cuáles son las expresiones que «matan» la comunicación y que utilizas con los demás? ¿Cuáles son las que se utilizan contigo? ¿Quién las utiliza? Considera a tus colegas, parientes y amigos.

EXPRESIONES «ASESINAS» DE LA COMUNICACIÓN

Expresión «asesina»	Ejemplo	Quién las utiliza	
		Tú	Los demás
AMENAZAS (Producen miedo, sumisión resentimiento y hostilidad.)	«Si no puedes llegar puntualmente al trabajo tendremos que reconsiderar tu empleo aquí»; «Hazlo o...».		
ORDEN (Imponer la autoridad.)	«Debo verle inmediatamente en mi oficina»; «No me pregunte porqué, hágalo porque yo se lo digo».		
CRÍTICAS (Tirar para abajo.)	«No trabajas lo suficiente»; «Siempre te estás quejando».		
NOMBRES DENIGRANTES (Utilizados para «catalogar» a los demás.)	«Solamente un idiota podría decir eso»; «Eres un tonto estúpido»; «¿Qué se podría esperar de un burócrata?».		

Expresión «*asesina*»	*Ejemplo*	*Quién las utiliza* *Tú* *Los demás*	
«DEBERÍAS» O «TENDRÍAS QUE»	«Deberías ser mas responsable»; «Tendrías que aceptar los hechos; «No tendrías que enojarte así».		
RESERVARSE PARTE DE LA INFORMACIÓN (Con el fin de hacer caer en la trampa.)	«Este proyecto te va a gustar muchísimo» (y no decir cuanto esfuerzo requiere).		
INTERROGATORIOS	«¿Cuánto tiempo te llevó hacer esto?»; «¿Cuánto te costó?»; «¿Por qué te has atrasado?»; «¿Qué estás haciendo?».		
ELOGIOS (Con el fin de manipular.)	«Escribes informes excelentes, ¿me puedes hacer éste?».		
DIAGNÓSTICO DE MOTIVOS	«Eres muy posesiva»; «Siempre te ha costado motivarte».		
CONSEJOS NO REQUERIDOS (Cuando la otra persona solamente desea que la escuchen.)	«Si hubieras ordenado tu escritorio no estarías en este aprieto»; «¿Por qué no lo hiciste así?»; «Ignórales».		
UTILIZAR LA LÓGICA PARA PERSUADIR	«No hay motivo para disgustarse. Es completamente razonable».		
REHUSAR HABLAR SOBRE EL TEMA	«No hay nada que discutir; no veo ningún problema».		
CAMBIAR DE TEMA	«¡Qué interesante!... Anoche vi una película divertida».		
RESTARLE IMPORTANCIA A LA EXPERIENCIA DE LA OTRA PERSONA	«La semana pasada tuve un accidente de tránsito terrible...» «Eso no es nada, tendrías que haber visto el mío.»		
TRANQUILIZAR MEDIANTE LA NEGACIÓN	«No te pongas nervioso»; «No te preocupes, va a salir bien»; «Vas a estar bien»; «Estás horrible».		

Lo importante es la respuesta que recibes. Estos hábitos de comunicación, aunque dudosos, pueden funcionar si el contexto y el tono de voz apoyan lo que se dice. Las personas se comunican con diferentes niveles: las palabras solamente ocupan un nivel. Por medio de las palabras y el tono de la voz, la gente interpreta constantemente (y a veces interpreta mal) su relación contigo. Si el resultado final es que no se siente respetada, evidentemente tu comunicación no ha sido efectiva, no importa cuán buenas fueran tus intenciones. Tu responsabilidad va mas allá de dar el mensaje, *eres* responsable también del proceso de comunicación y del mensaje que reciben los demás.

Las expresiones que se han mencionado anteriormente son estilos comunes de conversación que dan una pauta de que las necesidades básicas de la relación no están siendo satisfechas. El mensaje que se recibe no siempre es el que se envía. Tal vez sería mejor elegir otras palabras, pero eso no será de mucha ayuda si el obstáculo reside en las intenciones reales de lo que

se dijo. Si deseas que tus relaciones tengan éxito, tu estilo de comunicación debe demostrar que:

- Respetas a los demás, les consideras tus iguales y no tratas de dominarles.
- Respetas el derecho de los demás a tener sus propias opiniones y no tratas de manipularles para que tengan tu mismo punto de vista[1].
- Respetas y valoras las decisiones de los demás y no las desacreditas.
- Respetas los valores y la experiencia de los demás.

Obstáculos a la empatía: la dominación, la manipulación, el quitar el poder de decisión y la negación

Cuando te sientas cortado o bloqueado, examina la forma en que te comunicas. Pregúntale a la otra persona qué fue lo que no funcionó. ¿Qué hicieron los demás que no funcionó? Tú puedes siempre tratar de mejorar tus propias técnicas. ¿Con cuánta frecuencia haces las mismas cosas que te irritan si te las hacen a ti? Por último, si el estilo de comunicación de la otra

Tu verdadera comunicación es la respuesta que obtienes

persona no te resulta adecuado, tal vez desees encontrar formas de solucionar el problema. Tu objetivo será ayudarla a obtener una respuesta mejor de su parte. Puedes comenzar, por ejemplo, con: «Cuando recibo estos mensajes cortantes...» o «Cuando dijiste..., me sentí muy mal, y pienso que esta no era realmente tu intención, hay otras formas de dar opiniones que funcionarían mejor conmigo». (Véase el capítulo 4).

A menudo excluimos completamente de nuestras relaciones a alguien con quien hemos tenido solamente uno o dos problemas. Cuando cortamos la comunicación, se pierde la empatía, y resolver un conflicto en estas circunstancias es una batalla muy difícil de ganar.

¿Qué otros factores pueden cerrar las puertas? Si nos encontramos con indiferencia o desagrado, es probable que tratemos de protegernos, encerrándonos en nosotros mismos. Es inevitable que habrá momentos en que tus ideas, deseos, creencias o acciones se pondrán en tela de juicio. ¿Cuán personalmente te tomas esto? Será mucho mas fácil llevarse bien contigo si eres capaz de aceptar la crítica. ¡Para ser una persona valorada, no tienes porqué tener siempre la razón!

Cuando a una relación le falta empatía las opciones son: continuar así, terminar la relación, o tratar de mejorarla. Por supuesto, sería mucho mas fácil si la otra persona solucionara el problema (después de todo es culpa de ella). ¡Sería fantástico si solamente se tratara de que la persona cambiara para que tú te sintieras mejor, pero no es así! Los únicos cambios que puedes controlar completamente son los tuyos. Tal vez no desees mejorar cada relación a la cual le falte empatía, pero cuan-

LA ANÉCDOTA DE JENNY

Puede haber casos en que no *desees* continuar con la relación.

Mi suegro es alcohólico. Este hecho nos causa problemas enormes a todos. A veces se pone agresivo, y cuando no lo está, se compadece de sí mismo. Una vez, hace un año más o menos, vino a visitarnos. Estaba ebrio, y se comportó de una forma grosera. Discutió delante de los niños y yo me pregunté por qué le dejábamos entrar en nuestra casa. Tuvimos una discusión acalorada acerca de su alcoholismo y se fue, *ofendido. No me ha vuelto a hablar desde entonces. He pensado mucho en esto, por supuesto, pero he decidido no renovar la comunicación, porque esto significa que así no volverá y no tendré que proteger a los niños de sus borracheras. Debido a que tomé una decisión consciente, ya no siento resentimiento. Creo que le perdoné por su forma de ser, pero tengo que admitir que su comportamiento hace imposible que mantengamos una relación.*

do no puedes evitar ver a la persona, o el fracaso de la relación te causa desventajas, valdría la pena hacer un esfuerzo para restablecer la armonía.

¿Por qué vale la pena mantener la empatía? Piensa en tres personas con las cuales tiene problemas. Piensa en una ventaja que te proporcionaría mejorar la relación con cada una de ellas. Probablemente va a requerir esfuerzo de tu parte comenzar o recomenzar una buena relación con ellas. ¿Cómo lo lograrás?

¿QUÉ ES LO QUE ESTIMULA LA COMUNICACIÓN?

¿Qué es lo que hace que haya una buena comunicación? Es la *empatía*: el nexo entre dos personas que permite que comprendan sus sentimientos y motivos mutuamente. Este nexo y sinceridad entre dos personas se llama *compenetración*. Para tener una idea, piensa en tres personas por las cuales sientes simpatía y considera una cualidad de cada una de ellas que hace posible que esa corriente de empatía exista.

Puedes pensar en términos de «amabilidad»: «Tenemos cosas en común»; «Escuchan mis problemas y me cuentan los suyos»; «No me hacen sentir mal y me comprenden». Tal vez se podrían aplicar muchas de las características que se mencionan a continuación.

Estimuladores de la empatía

Si tienes una relación difícil, tal vez desees esforzarte para mejorarla. Una de las formas equivocadas de hacerlo es mezclando la relación con el problema. Tal vez trates de lograr una buena relación cediendo: «cualquier cosa con tal de lograr la paz» es una forma común de encarar la situación. Por ejemplo, una madre podría tratar de conseguir el buen comportamiento de su hijo, comprándole golosinas. «Cualquier cosa con tal de lograr la paz» puede ser una actitud peligrosa, pues puede otorgar demasiado poder a la otra persona. Busca otras formas de crear empatía. Existen métodos ya comprobados que se pueden utilizar:

Trabaja en la relación independientemente del problema

1. Encuentra un tema de conversación para iniciar la comunicación. Elige un tema completamente al margen de los problemas que estás teniendo. ¿Cuáles son los intereses de la otra persona? ¿Cuándo se entusiasma realmente? ¿Qué la estimula? Pregúntala. Una buena charla puede ayudar muchísimo a crear empatía en la relación.

Respeto a los demás

Nos divertimos juntos

Valoran mis opiniones

Cuando estoy con ellos no tengo que fingir ni ser muy formal

Me perdonan cuando a veces me equivoco

No me ignorarían a propósito

Siento simpatía por ellos

Me respetan

No tengo que ser perfecto

EXISTE EMPATÍA CUANDO...

Me escuchan

No tienen que ser siempre perfectos cuando están conmigo

Confían en mí

Me piden opiniones

Me cuentan cosas que son importantes

Hablamos

Estando juntos nos sentimos cómodos

Considero sus puntos de vista aun cuando no siempre estoy de acuerdo con ellos

Les disculpo si alguna vez hacen las cosas

Nos apreciamos mutuamente

Una conversación superficial puede servir como estímulo para desarrollar la empatía, no importa cuan trivial sea el tema. Puede servir cualquiera: el tiempo; un programa de televisión; música; fútbol; comidas; el jersey que se compró la semana pasada; hasta la ventaja relativa de hacer los cubos de basura de plástico en vez de metal.

El tema no es lo mas importante. Estás creando un nexo, te estás conectando con la otra persona, ambos estáis escuchando la música de vuestras voces. No son solamente las palabras, hay mucho más que eso en estas conversaciones.

2. El compartir una actividad puede ayudar a crear vínculos entre dos personas. En el trabajo puede ser ir a probar juntos una pieza para una máquina, pensar en formas de hacer un proyecto difícil en conjunto, o trabajar unidos ordenando los archivos.

En tu casa, podéis jugar a algún juego de salón, dar un paseo en bicicleta o ir al cine juntos.

Una actividad que dé lugar a una conversación puede también ayudar muchísimo.

3. Si estás tratando de preparar el terreno para una conversación profunda, elige un lugar apropiado. Puedes comenzar una buena conversación mientras conduces, ya que en el coche tienes una audiencia que está pendiente de lo que dices y además no es necesario mirarse a los ojos. Se puede lograr el mismo efecto mientras lavas la vajilla. A veces es mejor invitar a la persona a un sitio público como un café, donde es poco probable que levante la voz o se ponga a gritar.

4. Elige el momento. No trates de iniciar una conversación profunda e importante cuando la persona tiene poco tiempo o está demasiado presionada para concentrarse.

La empatía con padres difíciles

La empatía en relación con los padres es un caso especial. Algunas relaciones entre padres e hijos son desastrosas. Hay algo en los padres que puede despertar lo peor en nosotros, tal vez porque con ellos somos hipersensibles y reaccionamos más emocionalmente que ante cualquier otra persona. No es sorprendente, entonces, que muchas personas estén alejadas de por lo menos uno de sus progenitores: a veces es mejor mantener la distancia para evitar que interfieran constantemente...

LA EXPERIENCIA DE MARÍA

Mi padre se ha pasado toda la vida criticándome. En mi relación con él había muchísima rabia y dolor. Me daba cuenta de que esto estaba limitando mi vida, pero no era fácil librarme de la sensación de alienación. Tal vez a él no le importase, pero yo necesitaba librarme de mi propia amargura. Primeramente tenía que

permitirme a mí misma experimentar plenamente mi pena: lloré por lo que hubiera sido posible en nuestra relación de padre e hija; después de eso pude aceptar los aspectos positivos que ofrecía . Ahora nos llevamos mejor de lo que nos habíamos llevado nunca anteriormente, no es maravilloso, pero es algo.

Una de las ventajas de ser adultos es que no tenemos porqué aceptar el consejo de nuestros padres cuando no es apropiado. Desafortunadamente, si se excluye a los padres completamente, se puede cortar también una fuente básica de apoyo. Además, es una pena ignorar las demostraciones de los padres, aun cuando los gestos no se expresen debidamente: la intención puede ser demostrar amor y preocupación.

La meta es reconocer este amor como una fuerza y una bendición, sin dar lugar a los dramas. Tal vez la solución sea hablar acerca de temas poco controvertidos. Piensa en un colador de té, que deja pasar el té a la taza pero retiene las hojas.

En estas relaciones afectivas fundamentales podemos aceptar el nivel de afecto de que son capaces los padres, y mediante un proceso similar al del «colador del té» mantener las otras cosas a distancia.

LA EXPERIENCIA DE ROBERTO

Mi madre solía llamarme hasta diez veces por día, y yo ya no lo soportaba. Pensé que para sobrevivir tendría que desconectarme de ella como «madre», ya que estaba jugando ese papel de una forma asfixiante. Podía entenderme con ella como amiga, pues este es un papel que comprende; como amiga no es tan exigente. La hablé muy claramente. Necesitaba distanciarme de

ella. Ahora que me he desconectado de esa relación asfixiante, es posible mantener una relación diferente y aceptable. Ahora puedo realmente aceptar su cariño. Con mi hermano y mi hermana todavía es una madre sofocante. No pueden entender cómo ella y yo nos llevamos tan bien. Yo he trabajado mucho para establecer una relación aceptable con ella.

El esfuerzo consciente de mejorar la relación y el nivel de empatía rinde sus frutos cuando llega el momento de resolver los desacuerdos. (Puede haber algún tema demasiado delicado que se haya decidido no tocar.)

Llegar a un acuerdo en que las dos personas salgan ganando cuando la relación está muy deteriorada puede ser muy difícil. Tú deseas que el otro sea receptivo, pero no te escuchará hasta que no sepa que le estimas. Comienza, entonces, por crear ese nexo. Las personas por lo general se sienten bien cuando perciben que se las escucha y se las comprende. Si deseas que te escuchen, primeramente comienza por hacerlo tú mismo. Cuando se establece la comunicación, la empatía aumenta y hace posible que cada persona diga como ve las cosas desde su posición.

Los demás no te van a escuchar hasta que no estén seguros de que son importantes para ti.

LA ESCUCHA ACTIVA

La capacidad de saber escuchar es un requisito básico cuando se trata de resolver conflictos, y aunque es más fácil adquirirla mediante la práctica, muy pocas personas tienen la capacidad de saber escuchar debidamente. Una vez que comiences, puede ser que otras personas sigan tu ejemplo. Cuando se escucha activamente se deja de lado por un tiempo el ritmo normal de dar y recibir que generalmente caracteriza a una conversación. Es un cambio significativo, como cuando se cambia de marcha en un automóvil. Este modo de escuchar se conoce como *escucha activa*.

La escucha activa significa dejar de lado momentáneamente tu propio punto de vista para «sintonizarte» con la otra persona.

¿Estás realmente escuchando, o solamente esperando que llegue tu turno de hablar?

Algunas pautas para la escucha activa

- No hables de ti mismo.
- No cambies de tema.
- No aconsejes, diagnostiques, tranquilices, animes, critiques u hostigues.
- No pienses por adelantado lo que vas a decir.
- No ignores o niegues los sentimientos de la otra persona. ¡Considera lo que están sintiendo tanto por lo que *no* dicen como por lo que dicen! Observa la comunicación no verbal; por ejemplo, ¿tienen lágrimas en los ojos?, ¿hacen ademanes nerviosos?
- No finjas que has comprendido si no es así.

- Pregúnta cuáles son sus necesidades, preocupaciones, ansiedades y dificultades. Haz preguntas que faciliten la comunicación, como por ejemplo: «¿Cómo ves la situación?».
- Demuéstrala que estás comprendiendo. Repite lo que consideras que es el punto principal; por ejemplo: «¿Estás diciendo que lo que deseas es...?»; «¿Estás diciendo que no puedes soportar tanta tensión?»; o «¿Estás muy enfadada?».

En las situaciones de conflicto la capacidad de escuchar activamente se puede utilizar de tres formas: como información, afirmación o inflamación.

Información: comprobación de los hechos

Cuando se necesita dar o recibir datos o instrucciones precisas, la comunicación implica información. ¿Te ha pasado alguna vez que has llegado a un lugar y has descubierto que te falta una información esencial, o que no sabes qué hacer?

LA EXPERIENCIA DE ELENA

La semana pasada contraté a Rafael, un consultor, por lo que calculé serían un par de días. Estaba con nosotros haciendo una práctica de capacitación en el área de «Resolución de Conflictos» y su empresa deseaba que él diera un curso sobre el tema, pues necesitaba mayor capacitación. Yo estaba tratando de buscarle oportunidades para que pudiera practicar. Pensé que era razonable que su compañía le pagara los dos días mientras nos ayudaba con un seminario. Nos venía muy bien que estuviera con nosotros, ya que tenía conocimientos de ingeniería y este taller era para un grupo numeroso de ingenieros.

El seminario formaba parte de una contratación intensiva de dos semanas que habíamos hecho con una organización importante. Rafael admitió que era una oportunidad espléndida para hacer una práctica formal y se fue a negociar con su jefe para que le pagara los dos días de capacitación. No le fue bien. Una tarde, mientras yo no estaba, me dejó un mensaje: «Mi empresa no me quiere pagar, ¿me podrían pagar ustedes?». ¿Sería tan pésimo negociador que no había podido lograr que le pagaran dos días que supondrían un beneficio para

su compañía? Nosotros le podríamos pagar algo, pero aunque nuestra instructora realmente necesitaba su apoyo no me convencía la idea.

Contesté la llamada, irritada, y comencé por decirle: «Bien, lo máximo que podemos ofrecerte es...». De pronto me detuve, no parecía justo. ¿Por qué no podía su empresa pagarle dos días de su sueldo para su propia capacitación? Cambié de velocidad, comencé a buscar datos. De una manera amplia, le dije: «Háblame del problema». En los momentos siguientes salió a la luz que no había pedido dos días sino dos semanas, pues había pensado que sería provechoso para él asistir a todo el programa y no solamente a los dos días del seminario. Entonces, por supuesto, comprendí porqué el jefe no le quería pagar por tanto tiempo libre. Volvió a su plan de dos días, habló de nuevo con el jefe y no tuvo problemas en obtener el «sí» ante una propuesta más modesta.

Yo había ahorrado el resto de nuestro presupuesto para emplearlo en otras cosas y mi cambio de dirección hacia el «modelo de información» había aclarado las malas interpretaciones y prevenido resentimientos.

LA ANÉCDOTA DE CATALINA Y JUAN

Catalina y Juan habían salido juntos varias veces y su relación se estaba volviendo cada vez más profunda. Catalina estaba descubriendo por primera vez lo que era confiar en alguien a quien poder expresar sinceramente sus sentimientos y revelar sus secretos. No obstante, aunque se sentía muy unida a Juan, algo se estaba interponiendo entre los dos.

Juan tenía hijos del matrimonio anterior, y el hecho de que les comprara tantos regalos la disgustaba cada vez más. Hasta el momento, el único comentario sarcástico que podía indicar cómo se sentía había sido: «Realmente les das muchísimo a tus hijos». Se sentía culpable de ser tan poco comprensiva con la generosidad de Juan, pero no podía disimular su resentimiento. Este hecho se convirtió en un problema, pues no lo estaba encarando debidamente, y comenzó a interferir en la relación.

Le pidió consejo a una amiga, quien le dijo: «Imagínate que eres una tercera persona observándote desde arriba. Están allí, Catalina y Juan, disfrutando de una cena romántica. Juan le está hablando a Catalina del último regalo especial que le ha comprado a uno de sus hijos. A Catalina le está subiendo la presión, y quisiera que terminara con el tema. Piensa si le debería decir que no compre tantos regalos. ¿O tal vez debería renunciar totalmente a la relación y abandonarla? ¿Qué recomendarías tú que hiciera? ¿Abandonar la relación? ¿Permanecer sentada y no decir nada? ¿Decirle que deje de comprar regalos tan caros? ¿Decirle que no le hable de los regalos?

A Catalina le pareció útil esta forma de mirar las cosas «a vista de pájaro». Miró a su amiga y le dijo: ¿Por qué no le pregunta ella por qué lo hace?».

La siguiente vez que Juan mencionó que había comprado un regalo, Catalina contuvo el comentario sarcástico que se le escapaba de la boca y le dijo manteniendo un tono de voz neutro: «He notado que les compras muchos regalos a tus hijos, ¿por qué lo haces?». Él se quedó pensativo un momento, y luego contestó: «Me ayuda a sentirme mejor como padre. El mío era increíblemente tacaño conmigo, con su tiempo y su dinero. He jurado que yo sería diferente con mis hijos. ¿Sabes cuál es la prueba para mí de que un juguete es un buen juguete? Siempre elijo juguetes que me ayuden a relacionarme con mis hijos; son juguetes que tenemos que montar juntos o que podemos usar juntos en el parque. Pienso que, en parte, estoy tratando de recuperar todas esas oportunidades que perdí con mi padre». Continuaron hablando del tema, y Catalina habló de la actitud hacia los juguetes con la cual ella creció. No estaba tratando de cambiar la opinión de él, sino simplemente de escucharla.

Por último Juan dijo: «Es estupendo sentirse con la libertad de hablar acerca de uno mismo tan abiertamente». Ella estaba contenta de haber reconocido su incomodidad y de haber tratado de averiguar más. En lugar de eso, hubiera sido fácil encerrarse en sí misma. Ahora se sentía más unida a él que nunca.

Para dar una visión clara del panorama, la persona que habla debería aspirar a dar la información que se espera. Para recibir la información que se necesita, el oyente debería tratar de obtener todos los detalles, corroborar los datos y detectar la información importante que se está dando u omitiendo.

Estas son las técnicas que hay que utilizar cuando debemos concentrarnos en obtener información.

- **Pregunta.–** Entérate específicamente de cuáles son las necesidades, instrucciones, contexto, fecha, costos, etc. Por lo general se trata de saber qué preguntas hacer.
- **Corrobora.–** Para asegurarte de que has escuchado y entendido los detalles relevantes.
- **Resume.–** Para asegurarte de que ambos estáis de acuerdo acerca de los hechos. Cuando se trata de resolver conflictos o de negociar, uno de los errores más comunes es sacar conclusiones apresuradas o hacer suposiciones sin tener suficiente información.

Si tú eres la persona que *habla* y quieres comprobar si te están comprendiendo, no formules la pregunta: «¿Has comprendido?», ya que puede ser que obtengas un «sí» por respuesta, pero no sabrás cuánto comprendió. Di, por ejemplo: «Quiero comprobar si has recibido el mensaje, ¿me puedes repetir lo que dije?»; o «No estoy seguro de haberte dado toda la información, dime qué has entendido hasta ahora»; o «¿Hay algo más que quieras saber?».

Si tú eres el *oyente*, recuerda que las palabras están asociadas con diferentes significados e imágenes. Asegúrate que estás recibiendo el mensaje correcto, preguntando y comprobando exactamente qué quiere decir la otra persona. Haz preguntas específicas, como por ejemplo: «¿Cuánto cuesta?».

Afirmación

¿Has necesitado alguna vez un oído amigo, alguien con quien descargar tus problemas o que simplemente te escuche? No necesitabas tanto un consejo, sino una confirmación -el reconocimiento de tu situación-; en otras palabras, un eco.

La meta de la persona que habla en este caso es hablar del problema. La meta del oyente es reconocer los sentimientos de la otra persona y de esta manera ayudarla a oír lo que ella

Hazles oír a los demás lo que están diciendo

misma está diciendo. Esto es de gran beneficio para la persona que habla. Cuando utilices la técnica de la escucha activa con el propósito de crear afirmación, concéntrate en lo siguiente:

- **Explora** el problema con el fin de revelar la dificultad con más profundidad, si el tiempo lo permite. A menudo no sabemos lo que pensamos hasta que no se lo decimos a alguien. Cuando nos sentimos comprendidos, podemos continuar.
- **Verifica** los sentimientos de la persona, además de los hechos. Por ejemplo (Ellos): «No llamó para decir que no venía»; (Tú): «¿Cómo te sientes al respecto?» o «¿De qué forma te ha afectado eso?».
- **Utiliza paráfrasis** para expresar los sentimientos y tal vez el contenido del problema en una frase o expresión que indique reconocimiento. Las paráfrasis son «sondas» que sirven para extraer un «sí, así es» como respuesta. Ayudan a la persona a confirmar o a corregir sus percepciones cuando las escuchan dichas por ti.
- **Prueba de nuevo.** Si no has entendido, haz una pregunta aclaratoria, como: «¿Cómo ves la situación?, o «No he entendido bien, repíteme lo que has dicho».
- **Reconduce la conversación** si la otra persona se aparta del tema. Puede ser que esto ocurra si ella cree que no la están comprendiendo, o si ignora que es lo más importante.
- **Utiliza la frase «Lo comprendo» con discreción**, pues no siempre entendemos la situación de la otra persona. Por lo general es menos arriesgado decir: «Puedo ver que...»; «Puedo relacionarlo con...»; «Por lo que me dices veo que te ha resultado muy difícil»; «No sé realmente lo que estás experimentando, pero veo que te sientes muy mal».
- **Guarda la información confidencial.** Al utilizar la técnica de la escucha activa, a veces puedes animar a los demás a decir más de lo que tenían intención de decir. Tal vez después les dé vergüenza y decidan terminar o cortar la relación. Deberás asegurarte de que realmente te quieren contar el problema. En ese caso tendrás que explicarles que lo que te cuentan es confidencial; después recuerda que debes mantener tu palabra.
- **Trata de centrar la conversación en el tema en cuestión.** Otro riesgo de la escucha activa es que una vez la

persona haya comenzado a hablar no pueda detenerse. Cuanto más reiteras lo que ella está diciendo, más divaga. Necesitas algunas frases que te ayuden a mantener el sentido, como: «Lo que estás tratando de decir es...»; «Estoy confundido, ¿lo que quieres decir es...?»; «Lo que estás diciendo es muy importante, pero no voy a tener tiempo suficiente para escuchar todo, discúlpame, ¿has llegado a alguna conclusión?».

- **Permite que los silencios** ocurran naturalmente en la conversación.
- **Fíjate en los movimientos corporales** o los suspiros, pues por lo general denotan discernimiento o aceptación y permiten que la otra persona ordene sus pensamientos. Luego pregunta, por ejemplo: «¿Cómo ves el problema ahora?».

Recuerda que la escucha activa ayuda a la otra persona a ampliar el enfoque que tenía de los temas no resueltos: al hablar contigo está resolviéndolos.

Inflamación

¿Qué hacer cuando alguien te grita? Si respondes de la misma forma probablemente comprobarás que empeorarás las cosas, pues esa persona ya está demasiado inflamada como para que eches más leña al fuego.

Cuando alguien se queja, te critica o ataca, te está diciendo que *tú* eres el problema. Tú, oyente, debes hacerle saber que has oído y entendido lo que te está diciendo. El propósito es diluir la hostilidad y enfrentarse al problema. La respuesta es utilizar la escucha activa.

¿Sabe que la has escuchado correctamente?

- **No te defiendas, ni trates de vengarte**: a esas alturas la persona se enfadará aún más.
- **Trabaja primeramente con sus emociones**. Las personas a veces gritan porque no están seguras de haber sido oídas. Demuéstrales que comprendes cuál es el problema y su enfado o disgusto. Algunas frases que puedes utilizar son:«Esto te ha hecho enojar...»; «Veo que estás muy disgustado»; «Sientes que has llegado al límite»; «¿He acertado?»; «¿Así que cuando yo... te sientes frustrado conmigo?».

LA EXPERIENCIA DE SARA

Mi esposo Pablo y yo tenemos una relación muy buena. Sin embargo, la verdadera prueba vino cuando su negocio pasó por momentos muy difíciles. Parecía que el negocio iba a fracasar y Pablo estaba realmente preocupado. Hablábamos del tema todos los días y era fantástico poder apoyarlo así: yo sentía que éramos un verdadero equipo. Una tarde me contó que Bárbara, una novia anterior, le había llamado. Le había ofrecido trabajar con él y sacar adelante el negocio, y él me pregunto qué debía hacer. Yo conocía a Bárbara y sabía que era muy competente y que tenía mucha experiencia, pero no estaba muy segura de sus intenciones. ¿Tendría interés en él todavía?

Me sentía muy amenazada y me hubiera gustado decirle a Pablo: «¡Dile que te deje en paz!». No quería que contratara a su ex-novia, pero era un asunto muy delicado. ¿Cómo iba a reaccionar si le pedía que no lo hiciera? Él podría decidir optar por lo contrario, o bien culparme luego del fracaso del negocio a causa de mis

celos. Lo único que sabía era que no me atrevía a darle ningún consejo.

Le hice a Pablo algunas preguntas amables para ayudarle a considerar todos los aspectos. Pronto se dio cuenta de que necesitaba saber cuáles eran las expectativas reales de Bárbara antes de tomar una decisión. Organizó una reunión con ella. Luego me contó que Barbara había venido a la reunión con una actitud seductora: maquillaje perfecto, vestido ajustado y miradas insinuantes. Pablo se dio cuenta de que el trabajo era sólo un pretexto para disimular lo que tenía en mente realmente. Eso era exactamente lo que yo sospechaba, pero me pareció que aún era momento de callar y de continuar escuchando.

¡Qué alivio sentí cuando me dijo que había rechazado la oferta de Barbara! Estaba satisfecha conmigo misma por haber enfrentado de esa forma la situación. Permití que Pablo tomara sus propias decisiones y solamente actué como un eco. ¡El método de la escucha activa es verdaderamente una gran ayuda para nuestro matrimonio!

- **Reconoce el punto de vista de la otra persona**. Esto no significa que estés de acuerdo, solamente que has escuchado. Por ejemplo: «Comprendo porqué estás tan enfadada, si pensaste que esa era mi actitud», o «Veo porqué el problema te disgusta tanto».
- **Estimúlala para que hable más**. Explora suavemente la situación con la persona para ver si hay algo más detrás de la emoción. Reafirma lo que expresa lo más acertadamente posible hasta que se apacigüe; si lo haces bien, te explicara todo detalladamente y con más calma.
- **Explica tu punto de vista**, reconociendo a su vez el problema de la persona, pero espera hasta que la conversación se haya calmado.

LA EXPERIENCIA DE ROGER

Había ayudado a mi compañero de trabajo Pedro a preparar una propuesta que tenía que presentarle a nuestro jefe. Pasó una semana y yo no había tenido noticias. Se me ocurrió preguntarle si necesitaba más ayuda. Fui a su oficina y se comportó tan secamente que resultó realmente grosero. Parecía que mi pregunta le había molestado y me dijo que tenía mucho que hacer. Me acusó de ser insistente y me ofendí porque yo solamente estaba tratando de demostrar interés y ser eficiente. ¡No estaba tratando de insistir en absoluto! Empecé a defenderme y le dije: «No quiero insistir, solamente quiero saber cómo va». Me interrumpió, a esas alturas ya muy agitado: «¿Ves? Estás insistiendo. No sé si quiero continuar trabajando contigo en esto». Salí rápidamente de su oficina: estaba realmente enojado. En el momento en que había empezado a defenderme, él había perdido los estribos; me había mencionado que estaba sobrecargado de trabajo, y supongo que yo no le presté atención a eso una vez que comencé a defenderme.

Después de tomar unos minutos para recuperarme volví a probar: «¿Cómo estás, Pedro?». Me contestó: «Estoy sobrecargado de trabajo». Esta vez utilicé la técnica de la escucha activa diciendo: «Lo siento mucho», y como respuesta me ofreció más información: «¡Oh, esa reunión para considerar nuestra propuesta se postergó! En este momento hay otras prioridades». Acepté esa explicación con tranquilidad. Reflexionando, me di cuenta de que si en primer lugar hubiera prestado más atención a lo que le estaba pasando, me hubiera evitado el disgusto y la situación no se hubiera agravado. El problema real no fue mi insistencia, sino que Pedro estaba bajo mucha presión.

Ella está en mi longitud de onda

LA EXPERIENCIA DE CRISTINA

La relación con mi hijo menor era pésima. Me había divorciado y estaba viviendo con otro hombre. Roberto tiene hijos del matrimonio anterior, pero ninguno de los dos tenemos a nuestros hijos viviendo continuamente con nosotros. Sin embargo, tanto los hijos de él como los míos se quedan con nosotros a menudo. Desafortunadamente, mi hijo menor David, de once años, se llevaba muy mal con el hijo de Roberto, Pablo, de nueve. Creo que tal vez David estaba celoso de Pablo.

Esa vez habían comenzado otra pelea, al principio solamente con palabras, pero después empezaron a tirarse cosas. La situación se estaba poniendo peligrosa, y tuve que intervenir. Traté de proteger a Pablo, que era el menor y quien estaba recibiendo la peor parte. De algún modo me resultaba más fácil imponer la ley con mi propio hijo: «David –le dije–, ¿cómo te atreves a tirarle cosas a Pablo?». David se dio la vuelta y salió corriendo por la puerta delantera. Me asusté y pensé: «¿Qué puedo hacer ahora? Si no encaro bien esto puedo perderlo todo –la relación con Roberto y también con David–.» Así que salí corriendo detrás de David. Afuera llovía a cántaros. Le llamé: «¡No te vayas!»; no lo podía permitir, había tanto en juego... De pronto me detuve con mucha determinación y dije con calma, en voz muy alta: «Si te vas y no analizas lo que está pasando tal vez no tengamos otra oportunidad de hablar».

Eso funcionó: David se detuvo. Se volvió hacia mí, me miró, parado bajo la lluvia, y empezó a gritar que yo quería a Pablo más que a él, que siempre le defendía, etc. Tenía los brazos cruzados y no permitía que me acercara. Me acusó de mentir, caí en la trampa y comencé a defenderme. Estábamos allí en la calle, gritando, con la lluvia y las lágrimas corriéndonos por el rostro.

Me di cuenta de que no estaba funcionando. Tenía que hacer algo diferente, rápidamente. Nada de lo que yo le dijera iba a convencerle de que no tenía razón. De pronto se me pasó por la mente que él necesitaba saber que estaba siendo

escuchado. Tal vez eso era más importante que justificar mi propio punto de vista, así que le pregunté: «¿No van bien las cosas, no estás contento?».

Él contestó evasivamente: «¡Sí! ¡No! Humm, más o menos. Bueno, no realmente». Era obvio que quería decir algo, pero no lo tenía claro. Después dijo: «Más o menos..., pero te echo de menos».

Le invité amablemente a volver adentro, a mi habitación, para que pudiéramos pasar un rato juntos, los dos solos.

Él sabía que le había escuchado y se había calmado. Cuando estuvimos solos después de cambiarnos, hablamos del acuerdo de convivencia que habíamos hecho y de las opciones que teníamos. Exploramos la idea de si debería venir a vivir conmigo inmediatamente. En ese caso, tendría que cambiar de escuela y dejar a su hermana, hermano y amigos, y comenzó a darse cuenta de que no quería hacer eso todavía.

Estábamos volviendo a la forma de ser que teníamos antes, a ser capaces de hablar de todo. Eso era algo muy valioso, que últimamente se había perdido.

Quería que viera el lado positivo, así que le dije: «Piensa qué suerte tenemos, porque aunque no me veas todos los días, cuando me ves no estoy ocupada en la cocina y ahora cuando estamos juntos podemos dedicar el tiempo a ser compañeros».

Finalmente, empezó a suavizarse e intentó sonreír. Para mí eso era lo más maravilloso que había visto en mucho tiempo. Yo le extrañaba mucho también, y se lo dije. Le conté además los planes que tenía para nosotros. Estaba trabajando y ahorrando dinero para hacerle una habitación. Noté que respondía con interés. Me di cuenta de que nunca le había mencionado esto antes. Hablamos de una gran cantidad de temas. Fue un tiempo realmente valioso. Cuando terminamos de hablar, David me dijo: «Estaba planeando salir con un amigo mañana. Tal vez llevemos a Pablo». Habíamos encontrado el camino hacia un nuevo nivel de adaptación.

• **Pregunta qué se puede hacer** para mejorar las cosas. Si se alteran de nuevo, vuelve al método de la escucha activa.

¿Cuántas veces te has tratado de conectar con alguien y no lo has logrado? Existen motivos profundos que se interponen. Analizaremos esto mas detalladamente en el capítulo 6, *Manejar las emociones*, y en el capítulo 7, *El deseo de resolver*. Cuando existe realmente la comunicación y la verdadera empatía, ocurre un intercambio importante a nivel subconsciente.

RESUMEN

¿Qué enfría la comunicación? Los «asesinos» que destruyen la comunicación, como la crítica, los nombres denigrantes y los consejos no requeridos son malos hábitos de conversación que pueden bloquear la empatía.

No vas a tener éxito utilizándolos si la otra persona no se siente respetada. Tu verdadera comunicación es la respuesta que obtienes.

¿Qué estimula la comunicación? Trabaja en la relación, independientemente del problema. Los factores que estimulan la empatía son los temas de conversación o actividades que te proporcionan algo no conflictivo para compartir.

Atiende cómo ve las cosas la otra persona. Utiliza la escucha activa para obtener más información (corrobora los datos); la afirmación (para que la persona se escuche a sí misma); y la inflamación (para que sepa que la escuchaste con exactitud).

NOTAS

[1] Véase más sobre manipulación en el capítulo 5, *El poder cooperativo*.

CAPÍTULO CUATRO

Asertividad adecuada

La forma satisfactoria de resolver un conflicto requiere que seas capaz de exponer tu punto de vista sin provocar una actitud defensiva en la otra persona. Explica cómo ves las cosas en vez de decir qué deberían o no hacer los demás.

Son las cinco. Tu tren parte dentro de diez minutos. Tu jefe quiere que le hagas fotocopias de un proyecto de 50 páginas. Vas a perder el tren. ¿Qué le dices?

Suena el teléfono. Es una amiga que habla hasta por los codos. ¿Qué la dirás?

Los niños ponen cara de disgusto y se rebelan cuando les pides que te ayuden a lavar los platos. ¿Cómo afrontas esto?

Aparentemente tu vecino ha tirado escombros en el patio de tu casa. ¿Cómo reaccionarás?

Todos los días nos enfrentamos a situaciones que requieren una respuesta asertiva: alguien abusa de nuestro tiempo; no recibimos la ayuda que merecemos; no se respetan nuestros derechos. ¿Te encuentras atacando antes de que puedas darte cuenta? ¿Reaccionas en forma distintas según la persona? ¿Cuáles son las personas en tu vida que más normalmente provocan esta reacción? ¿Con cuánta frecuencia es probable que hagas lo siguiente?:

— ANOTA —

Comportamiento	Raramente	A veces	Con frecuencia	Personas más probables para recibir esta reacción mía
Exploto violentamente	....	....	....	....
Grito	....	....	....	....
Discuto	....	....	....	....

— ANOTA —

Comportamiento	Raramente	A veces	Con frecuencia	Personas más probables para recibir esta reacción mía
Discuto	....	....	....	....
Interrumpo	....	....	....	....
Insisto en que tengo la razón	....	....	....	....
Me quejo	....	....	....	....
Pongo a la otra persona en su sitio	....	....	....	....
Doy ultimátums (hazlo o...)	....	....	....	....
Trato de vengarme	....	....	....	....
Hago comentarios mordaces	....	....	....	....
Insulto	....	....	....	....

Estos son mecanismos de lucha.

¿Evitas por lo general enfrentarte al problema o postergas hacer algo al respecto? ¿Con cuánta frecuencia y con quién haces alguna de estas cosas?

— ANOTA —

Comportamiento	Raramente	A veces	Con frecuencia	Personas más probables para recibir esta reacción mía
Descargar el enfado con alguien de casa en vez de hacerlo con la persona apropiada en el trabajo	....	....	....	....
Descargar el enfado con alguien en el trabajo en vez de hacerlo con la persona de casa en cuestión	....	....	....	....
Quejarse acerca de lo injustos que son	....	....	....	....
Quejarse a espaldas de alguien pero no decírselo abiertamente	....	....	....	....
Retirarse físicamente	....	....	....	....
Callarse	....	....	....	....
Deprimirse	....	....	....	....
Enfermarse	....	....	....	....
Actuar de una forma extremadamente amable	....	....	....	....
Sentirse injusto al llamar la atención a alguien	....	....	....	....
Dedicarse a otra cosa esperando que desaparezca el problema	....	....	....	....
Decirse que de todas formas no es un asunto importante	....	....	....	....

Estos son mecanismos de huida

Considera este ejemplo. Una persona que vive contigo te grita; puedes comprender porqué está enfadada, pero detestas que te griten. Tienes tres opciones: gritarle también, retirarte o adoptar una actitud asertiva. Responder gritando es «lucha», es agresión, y generalmente daña más la relación. Retirarte es «huida», es pasivo, y casi siempre aleja de la otra persona.

Si tu reacción más frecuente es la *lucha*, ¿son éstas algunas de las consideraciones que te pasan por la mente?

- ¿Por qué necesito tener el control?
- ¿Qué sentiría si me diera cuenta de que estoy equivocado?
- ¿Trato de sentirme bien probando que soy mejor que otros?
- ¿Siento que todos tendrían que tener los mismos valores que yo?
- ¿Tendría que cuestionar alguna de mis opiniones?
- ¿Qué es lo que no funciona?

Si tu reacción más frecuente ante el conflicto es la *huida*, ¿de qué forma son pertinentes para ti algunas de estas preguntas?

- Cuando no expreso mi irritación, ¿pienso realmente que no se dan cuenta de que estoy disgustado?
- ¿Qué daño le está causando a la relación el hecho de retirarme?
- ¿Es miedo o costumbre lo que me impide hablar?
- ¿Son mis sentimientos tan importantes como los de la otra persona?
- ¿Estoy tan enfadado que nada de lo que yo diga parecerá acertado?
- ¿Cuánto temor me provoca el enfado de los demás?
- ¿Cuánto temor tengo de dañar la relación?
- ¿Qué es lo peor que podría pasar si hablo?

¿Qué haces?
¿Luchas?
¿Huyes?
¿Fluyes?

Existe una tercera opción: *fluir*. No significa retirarse, pero tampoco es combatir. Fluir con los acontecimientos no es siempre fácil, pues casi siempre requiere una elección consciente, un grado de flexibilidad, capacidad, valor y confianza en el proceso de comunicación. A medida que te das cuenta de tu estilo podrás notar más pronto cuándo estás utilizando el de «huida» o el de «lucha». Puedes emplear estas reacciones como una clave para tratar de lograr, tan pronto como sea posible, una respuesta más apta y asertiva.

A veces es difícil abandonar los viejos hábitos y probar algo diferente. ¿Qué decir y cómo decirlo para no empeorar la situación? Necesitas dar una respuesta asertiva, apropiada a la situación, que mejorará las cosas en lugar de empeorarlas. Por ejemplo: «Me siento un poco incómodo, ¿hay algo que aclarar entre nosotros?»; «¿Hay algo que necesite aclaración antes de la reunión, de manera que todo pueda ir bien?»; «Estoy preocupada porque hemos hablado muy poco estos últimos días, me siento mejor cuando hablamos sobre lo que está pasando».

Estas afirmaciones parecen simples, pero requieren que antes de hacerlas nos detengamos un momento a pensar. ¿Podría algún comentario diplomático similar a éstos lograr un cambio en la relación con alguien en tu vida?

Adquirir la habilidad a nivel inconsciente

La adquisición de un conocimiento se realiza generalmente en cuatro etapas. Considera, por ejemplo, el proceso de aprender a montar en bicicleta. Primeramente, hay un tiempo antes de que tú quieras siquiera montar en bicicleta: estás *inconscientemente no cualificado*. Un día el montar en bicicleta te parece interesante, pero te das cuenta de que no sabes hacerlo. Es una nueva destreza que debes adquirir: has pasado a estar *conscientemente cualificado*.

Comienzas a tomar lecciones -empiezas en un lugar bastante seguro-: te has puesto en camino. Al cabo de una hora más o menos puedes conducir este artefacto de dos ruedas de un extremo a otro del parque sin caerte, a veces. Debes prestar mucha atención, pero lo puedes hacer. Estás *conscientemente cualificado*. Podrían pasar meses hasta que llegues al punto máximo del proceso de aprendizaje, cuando no tengas ya que prestar atención al mecanismo de montar en bicicleta. Ahora evitas los obstáculos fácilmente y de forma automática; las piedras y los pozos no son ya un problema. Todo esto ha pasado a formar parte de tu forma de ser. Ahora estás *cualificado inconscientemente*.

El mismo proceso de aprendizaje se aplica a los conocimientos sobre comunicación cuando deseamos cambiar la forma de responder a ciertas situaciones.

AUTOAFIRMACIONES

Existe una forma especial de decir cómo tú personalmente respondes a una situación, que podría ser muy útil para comunicarte asertivamente. Es una fórmula denominada autoafirmación y que por lo general necesita mucha práctica hasta que se convierte en tu manera normal e inconscientemente cualificada de expresarte.

No te des por vencido demasiado pronto si el método no parece natural (recuerda, tampoco lo era conducir una bicicleta). Aun las respuestas llamadas naturales que damos ahora fueron aprendidas alguna vez, generalmente copiando el estilo de nuestros padres, maestros, hermanos y hermanas.

Explica cuál es la situación para ti

Una frase autoafirmativa le dice a la otra persona lo que tú piensas sin culparla ni exigirla que cambie. Estas oraciones corresponden a «fluir», la tercera opción, y ayudan a mantener tu punto de vista sin tener que tratar a la otra persona como a un contrincante. Si alguien te está pisando el dedo del pie, puedes gritarle: «¡Quita!». Esto puede dar un buen resultado cuando se trata de dedos, pero cuando alguien ha desordenado tu escritorio y estás intentando mantener una relación amistosa, sería más acertado probar: «Cuando tus papeles aparecen sobre mi escritorio, me siento molesto. Me gustaría encontrarlo tal como lo he dejado».

Cualquier momento es bueno para utilizar esta clase de oraciones, pero pueden resultar especialmente efectivas cuando estás enojado, irritado, molesto, o no estás obteniendo lo que deseas.

Una frase autoafirmativa tiene una estructura que es muy útil cuando quieres exponer tu punto de vista sobre una situación o decir lo que deseas. Puede ser particularmente útil cuando deseas decirle algo a alguien pero evitando que se ponga a la defensiva. Construir una oración autoafirmativa es como mezclar los ingredientes para una comida: si empleas la receta es más probable que comiences bien desde el principio.

La receta requiere tres ingredientes:

Cuando...
Yo siento...
Y lo que yo quisiera es que...

1. La acción.
2. Tu respuesta.
3. Los resultados que preferirías obtener.

La acción

La receta requiere una descripción objetiva de la acción o situación que está causando el problema. Objetiva quiere decir libre de palabras subjetivas o emotivas, así que se trata de una descripción de los hechos, no de tu interpretación o la de alguna otra persona. Comienza por:

«Cuando se dejan papeles en mi escritorio...»
«Cuando oigo que se levanta la voz...»
«Cuando no se me dice que va a venir alguien a cenar...»
Otras formas de decir lo mismo son:
«Cuando dejas tus cosas encima de mi escritorio...»

«Cuando me gritas y te enfureces conmigo...»

«Cuando ni siquiera te molestas en avisarme que has invitado a uno de tus amigos a cenar...»

Las últimas tres formas son un mal comienzo: la otra persona puede estar demasiado ocupada tratando de defenderse como para oír el final de lo que se le está diciendo. Cuando estamos enojados con alguien describir su conducta objetivamente es verdaderamente un reto. A veces es más fácil si la parte de la oración que describe la acción se concentra en describir cómo ves tú el problema.

«Cuando tengo que separar mis papeles de los de otra persona...»

«Cuando oigo que alguien me grita...»

«Cuando no sé que tendré invitados a cenar...»

Es más difícil para la otra persona rechazar la afirmación cuando ésta se plantea como un problema. El problema aquí es que tú tendrás que ordenar el escritorio lo mismo, no importa quién haya dejado los papeles o para qué.

Una descripción objetiva del hecho puede ser muy útil. Puede ser que no se hayan dado cuenta de lo que estaban haciendo o cómo eso te estaba afectando a ti. Puede ser que estuvieran tratando de enfatizar algo y tú pensaste que estaban gritando.

Puede ser difícil describir objetivamente un determinado comportamiento. Expresiones como: «Cuando me acusas...» o «Cuando utilizas tácticas subrepticias...», revelan tu *interpretación* de la experiencia. La tarea es describir la conducta específica que parece acusadora o subrepticia. ¿Cuál es la evidencia, la clave? Cuando dices «acusas», ¿quieres decir que alguien dijo que tú habías hecho algo que no habías hecho? Cuando dices «tácticas subrepticias» ¿quieres decir que alguien hizo algo sin tu consentimiento?

Tu respuesta

La gente no siempre sabe cómo reaccionas, a no ser que tú se lo digas. Es inútil decir: «Tendrían que saberlo»; no saben necesariamente lo que te ha ofendido.

La mayoría de las personas prefieren llevarse bien con los demás y no ofender, herir o molestar, por lo tanto tu respuesta negativa las llevará a reconsiderar su comportamiento si no las has atacado en el proceso. Cuando hablas de tu respuesta sabes que estás en terreno seguro: estás discutiendo los hechos. Es menos probable que ellas no estén de acuerdo con tu punto de vista si les dices: «Me siento cansado»o «Me siento frustrado».

1. Tu respuesta puede ser la expresión de *una emoción*. Por ejemplo, les puedes explicar que te sientes herido/enfadado/ignorado/impotente o culpable.

A veces te resultará muy difícil encontrar las palabras correctas para expresar cómo te sientes, especialmente si no puedes clasificar el sentimiento. Muchas personas tienen dificultades para hacerlo.

2. Decirles a las personas lo que haces puede ser más fácil que decirles lo que sientes. Por ejemplo: «Me retiro», «Te grito»» o «Ya lo hago yo mismo».

Las personas no siempre se sienten cómodas diciéndole a su jefe cómo se sienten; incluso en algunas situaciones no es culturalmente aceptable. Cuando se está haciendo un negocio no es una buena idea decirle al vendedor que uno está desesperado por comprar el automóvil. Describir las acciones a veces es más fácil, socialmente y estratégicamente.

3. Tu respuesta puede ser un *impulso*, al que en realidad tú te resistes. Podrías decirle a la persona los deseos que tienes. Por ejemplo: «Quisiera ignorarte», «Quisiera retirarme» u «Ojalá pudiera abandonar esto».

¿Son «limpias» tus frases autoafirmativas?

El sabor en el ingrediente de la respuesta es muy importante. Es en realidad muy difícil construir una respuesta sin agregarle un elemento de culpa:

«Se me cayó por tu culpa.»
«Él me causó un disgusto.»
«Ella me ofendió.»
«Me enfurece.»
«Me hace enfadar.»

Es mejor evitar oraciones como éstas.

Si culpas a los demás por tus sentimientos, por lo general se pondrán a la defensiva y rechazarán las acusaciones con frases como éstas: «Si te enfadas, es tu problema»; «No es mi culpa que todo te disguste». Puede ser que recibas ataques innecesarios, por lo que debes permanecer muy atento para asegurarte de que las frases autoafirmativas sean «limpias», es decir, sin culpar ni en forma manifiesta ni implícita.

Cuando te haces responsable de la forma en que respondes y evitas culpar a los demás, aumentan las posibilidades de que la comunicación continúe enfocada en el tema. Asumir esta responsabilidad puede marcar la diferencia entre reaccionar y responder.

Ello no quiere decir que no tengas derecho a sentir lo que sientes. Sin embargo, las personas a veces tratan de conven-

LA EXPERIENCIA DE MAGDALENA

Magdalena y su hija de 16 años, Viviana, vivían juntas las dos solas (el esposo de Magdalena se había ido hacia muchos años). Eran muy amigas y estaban orgullosas de su relación, en la cual habían trabajado hasta conseguir relacionarse a un nivel adulto. En vez de que Magdalena impusiera las reglas, establecieron acuerdos sobre asuntos como las tareas domésticas y cómo compartir y respetar las cosas de cada una.

Magdalena trabajaba de relaciones públicas y tenía algunos días que eran más caóticos y exigentes que lo que ella podía tolerar. Después de uno de esos días llegó a su casa y Viviana la recibió con gran cantidad de cosas para contarle. Todo lo que Magdalena oía era a Viviana diciendo «Yo, yo, yo..., hice esto... , después yo..., y quiero..., entonces yo...».

Magdalena estaba desesperada por disfrutar de un poco de paz después del día agitado que había tenido. Miró alrededor del salón, notó que la televisión no estaba en su lugar y le preguntó a Viviana: «¿El televisor está todavía en tu dormitorio? Pensé que nos habíamos puesto de acuerdo en que debía quedarse en el salón».

Viviana se fue, furiosa. Magdalena tenía por fin la tranquilidad que necesitaba, pero no se sentía conforme en absoluto con la forma en que la había conseguido.

Casualmente, entre las muchas cosas que Magdalena estaba haciendo en esa semana tan ocupada estaba un curso de Resolución de Conflictos. ¡El tema de ese mismo día había sido la respuesta asertiva! Tomó sus apuntes y vio exactamente lo que había hecho. Consiguió lo que quería atacando y recibió de su hija una actitud defensiva y de huida. Lo que quería realmente era que su necesidad de estar tranquila fuera reconocida.

Magdalena le llevó sus apuntes a Viviana y le dijo: «Mira lo que he aprendido hoy. Lo que realmente quería decir es que cuando llego después de un día de trabajo me siento agotada y me gustaría tener un poco de tranquilidad para serenarme antes de hacer cualquier otra cosa».

Viviana respondió con una sonrisa: «Claro, mamá, me parece bastante justo».

cerse de que no están experimentando ciertos sentimientos: «Sé que no tendría que reaccionar así», «Es una tontería sentirse así»... Cuando empleas una autoafirmación, te otorgas a ti mismo el derecho de sentirte exactamente como te sientes: simplemente no culpas a nadie en el proceso.

El resultado que preferirías

Cuando vayas a expresar qué es lo que deseas, trata de decir: «Me gustaría tener la ayuda necesaria para lavar la vajilla». Habla acerca de lo que te gustaría hacer o tener. Nos parece que esta es una forma mas segura que decir: «Me gustaría que me ayudaras a lavar la vajilla».

Cuando le dices a otras personas lo que deberían hacer, a menudo se resisten. Si no se sienten libres para elegir, tal vez se resistan a aceptar la sugerencia simplemente porque la independencia es muy importante para ellas. Esta es a menudo la necesidad insatisfecha que hay detrás de la rebeldía de los adolescentes. Las expectativas invitan a la resistencia.

Cuando no nos gusta algo tal como es, por lo general queremos que alguien lo arregle o que lo cambie, así nos sentimos mejor. Sin embargo, mientras dependamos de otros de esa forma no tenemos el dominio de nuestras propias vidas. Un pensamiento digno de tener en cuenta: «Para que las cosas cambien, debo cambiar yo primeramente».

Luego tal vez cambien, o tal vez no, pero es lo menos importante: la frase autoafirmativa les pone al tanto acerca de *ti*. Cuando hables del resultado que te gustaría obtener -el tercer ingrediente de la oración autoafirmativa-, mantén abiertas tantas opciones como sea posible. Si tienes claro lo que quieres hacer, la otra persona podrá ver más claro quién puede contribuir y cómo.

Hay varias formas en que puedo obtener la ayuda que necesito para lavar la vajilla: cada noche puede ayudar un miembro diferente de la familia, podemos emplear una asistenta, salir a cenar más a menudo o comprar un lavaplatos.

Una auténtica oración autoafirmativa, en la cual lo que quieres no depende totalmente de que la otra persona haga algo para hacerte sentir mejor, logrará también el efecto de crear otras opciones.

Una amiga joven que se había mudado recientemente a su primer apartamento me contó que su vecino mantenía a los perros encerrados: ladraban mucho durante toda la noche y ella no podía dormir. Me dijo que el vecino era muy agresivo y que le tenía miedo. Me preguntó si debería llamar a la Sociedad Protectora de Animales. Le sugerí que tratara primero de utilizar una frase autoafirmativa. Pensamos juntas en la forma de construirla. Llegamos a: «Cuando yo oigo que los perros ladran tanto de noche -en vez de «Cuando encierras a los perros...»- me siento mal, y lo que me gustaría sería que...». Se quedó un momento pensativa. «¿Qué te *gustaría*?» -le pregunté. De pronto el rostro se le iluminó y dijo: «¡Eh, me gustaría llevarlos a pasear! Les haría bien a ellos y a mí también, y siento que podría decirle eso fácilmente a mi vecino».

Variedades de la receta: razones

Tal vez desees agregarle algunas explicaciones al ingrediente 3 (el resultado que preferirías obtener). A menudo las explicaciones pueden ayudar a que las otras personas comprendan mejor el efecto que el problema está teniendo en uno o las consecuencias del problema. Muchas veces ello hará que tu punto de vista se comprenda más rápidamente, ya que las explicaciones estimulan la comprensión y las iniciativas personales. Muchos niños independientes y de carácter fuerte se sienten inclinados a cooperar cuando comprenden bien la razón por la cual existe alguna regla.

...porque...

¿Cuándo utilizar las autoafirmaciones?

Si deseas decir algo y no sabes cómo, esta fórmula es un buen comienzo. Tal vez desees elaborarla cuidadosamente antes de ver a la otra persona. A medida que lo piensas te darás cuenta más claramente de lo que necesitas. La oración autoafirmativa no es una expresión cortés, suave o amable, pero tampoco deberá ser ofensiva. Se trata de clarificar.

LA ANÉCDOTA DE ANA

Ana se disgustó cuando oyó que su hijo Tomás había venido de visita a la ciudad y no se había molestado en llamarla o en ir a verla. Parecía que se estaban distanciando cada vez más, y ella había estado pensando con tristeza en ello. No quería que él pensara que se lo estaba reprochando, o decir algo que empeorara las cosas, pero quería verle cuando venía a la ciudad.

La siguiente vez que hablaron, en vez de tratar de disimular que estaba ofendida, se preparó para la conversación con una oración autoafirmativa. Ensayó bastante hasta conseguir algo «transparente» y «limpio». Tenía la clara intención de que esta vez la conversación fuera diferente a todas esas otras veces en que solamente había tenido una idea vaga de lo que era el problema.

—Cuando no te puedo ver me pongo triste y me gustaría verte cuando estás en la ciudad.

Lo dijo. Tomás reaccionó inmediatamente con: «Siempre estás diciéndome lo mismo».

Pero esta vez Ana tenía una intención muy clara: «No -respondió-. Esta vez dije algo diferente. Simplemente te dije lo que sentía.»

Por primera vez desde que comenzaron a hablar de este tema él la escuchó realmente. Hubo un momento de silencio. Después, en vez de ponerse a la defensiva, como era su costumbre, dijo: «Bueno, traté de llamarte algunas veces. No estabas en tu casa». Ella reconoció que era verdad. Se sintió mejor y después tuvieron la mejor conversación que habían tenido en siglos.

No es tu última palabra sobre el tema: es una apertura a la conversación, no la resolución; es una apertura a una comunicación sincera con el fin de mejorar las relaciones en vez de deteriorarlas.

Tú puedes malgastar una cantidad excesiva de energía cerebral pensando como la otra persona tomará tu oración autoafirmativa. Las oraciones más limpias se dicen no para obligar a arreglar las cosas sino para comunicar cómo se siente uno y lo que necesita. No esperes que se solucione al instante lo que no esté funcionando ni que la otra persona responda inmediatamente.

Aun cuando no haya solución te sentirás mejor si puedes utilizar una oración autoafirmativa para decirle a alguien cuánto te importa un asunto. Las personas pueden subestimar lo herido, enfadado, o irritado que estás, por lo tanto es mejor si puedes expresar exactamente lo que te está sucediendo sin hacer que la situación parezca mejor o peor de lo que es.

¡A veces la persona más importante para la cual estás diciendo la oración eres tú misma! En el proceso de hacerte entender puedes adquirir más autocomprensión. Si has perdido una oportunidad de decir una frase autoafirmativa, busca otra. La clave de estas oraciones es decirlas tan a menudo que se vuelvan naturales. Estarás entonces «inconscientemente cualificado».

La asertividad adecuada

La próxima vez que alguien te grite y a ti te disguste, resiste la tentación de retirarte (tal vez dando un portazo al salir); resiste la tentación de responder gritando; domina tu enfado creciente.

Este es el momento de utilizar la asertividad adecuada. Respira hondo, busca tu centro, con los pies firmes sobre la tierra pon mentalmente en marcha tu oración autoafirmativa. Empieza a mezclar mentalmente los tres ingredientes de la receta:

1. Cuando me levantas la voz (*acción*);
2. Me siento humillado (*respuesta*);
3. Lo que yo quisiera es sentirme bien cuando discuto un tema contigo (*el resultado que quieres obtener*).

¿Son claras tus autoafirmaciones?

La mejor oración autoafirmativa está libre de expectativas. Es una afirmación limpia y clara de tu punto de vista y de cómo te gustaría que fueran las cosas. La pelota está entonces en el campo de la otra persona; lo que haga ahora depende de ella.

Algunas oraciones autoafirmativas que han funcionado

1. A alguien que no termina los trabajos a tiempo:
«Cuando vayas a tardar más tiempo en terminar un trabajo, necesito saberlo tan pronto como sea posible para poder organizar mi propio tiempo y mis recursos».

2. Horarios de trabajo desorganizados:
«Cuando hay que cambiar los horarios me desorganizo mucho y me gustaría saberlo tan pronto como esto suceda».

3. Cuando te informan acerca de una decisión en lugar de preguntarte tu opinión:
«Cuando me avisan de cambios en los planes siento que no cuento y me gustaría saber de ellos antes de que se decidan».

4. A un profesor demasiado estricto:
«Cuando Vd. no me elogia me siento ofendido pues estoy esforzándome mucho; lo que yo quisiera a veces es que me diera un poco de ánimo».

5. A niños que tardan en prepararse por la mañana:
«Cuando tengo que trabajar debo irme a las 8:30 y me gustaría que todos nos preparásemos temprano. Después podéis jugar».

6. Cuando un miembro de la familia no se dio cuenta de la preocupación que causó su retraso:
«Cuando llegas tarde me enfado y no quisiera que sucediera. Sería una gran ayuda si supiera de antemano que vas a llegar tarde».

7. Cuando un miembro de la familia se siente agobiado por las tareas domésticas:
«Cuando me parece que estoy haciendo más de lo que me corresponde siento que es un abuso, y me gustaría llegar a un acuerdo que funcione para los dos».

8. Alguien ha hecho un trabajo y no lo ha terminado correctamente, lo cual te ha molestado pues no ha cumplido con su parte del acuerdo:
«Cuando encuentro fallos en el trabajo me siento verdaderamente defraudado y me gustaría superar mi enfado y estar a gusto trabajando contigo.

LA EXPERIENCIA DE MARÍA

Roberto se había casado hacía poco con María. Ambos tenían más de cuarenta años y era su segundo matrimonio. María, cuyos hijos eran ya independientes, había dedicado mucho de su tiempo en los últimos años al cuidado de su madre anciana y viuda. En ese momento, después de la luna de miel, Roberto y María estaban poniendo mucha energía en renovar la casa, disfrutando de su relación relativamente nueva. María pasaba menos tiempo con su madre.

Entonces la madre de María se rompió el brazo y se puso muy exigente, justo cuando María tenía menos deseos de tener presiones en su vida. Esto la puso en conflicto con su cultura griega y sus valores familiares tan fuertes. Aunque la relación con su madre hasta ahora había sido bastante buena, esta vez sentía resentimiento.

Acudió a Roberto para que la aconsejara: «Qué puedo hacer? Theo y su familia viven muy lejos, Andrés está en América, Ángela tiene tres niños pequeños y muchos problemas, y Rosa ha conseguido un trabajo porque necesita el dinero (ya sabes lo holgazán que es su marido). Así que es inútil pedir ayuda a alguno de ellos».

Roberto pensó un rato. ¿Debería ella dejar todo por su madre y abandonar la renovación de la casa por un tiempo? ¿Debería pagar a alguien para que la cuidara? (apenas se lo podrían permitir). ¿Qué tal pedirle a la madre que contribuyera? ¿Y dejarle el trabajo a los otros miembros de la familia?

Finalmente dijo: «¿Podrías discutir la situación con cada uno de ellos sin pedirles nada? Simplemente escucha a cada uno y reconoce sus problemas y las presiones que ellos tienen también. Permíteles pensar qué podríamos hacer todos juntos mientras tu madre se recupera».

María habló con todos sus hermanos y hermanas, incluso con Andrés, en América. Empezó la conversación con la oración «Yo... estoy preocupada porque no puedo darle a mamá todo el apoyo que necesita». Continuó explicando la situación y escuchó las tensiones y presiones que tenía cada uno. Después de haber escuchado todas las historias y sintiéndose desanimada, le dijo a Roberto: «Bueno, por lo menos lo he intentado». En los días siguientes cada uno de los miembros de su familia ofreció su ayuda. Ángela se ofreció para cuidar a su madre de noche. Rosa ofreció llevarle comidas preparadas y el «marido holgazán» ofreció llevar a la madre al hospital para el tratamiento (después de todo era taxista). Incluso Andrés envió desde América dinero para pagar un servicio de ayuda doméstica.

María no estaba segura de qué había sido lo que había logrado el cambio, hasta que Ángela le dijo: «Esta vez sentí deseos de ayudar porque me pareció que te preocupabas por mí y no estabas juzgando mi estilo de vida, como todos los demás. Me sentí necesaria, no dejada de lado». Tampoco los demás se sintieron presionados o criticados. A pesar de que nunca lo había discutido con sus hermanas y hermanos, María había asumido toda la responsabilidad del cuidado de su madre en silencio, y con cierto resentimiento. Cada uno se había formado su propia interpretación del silencio de María y tenía cierta culpa sin analizar. La familia se había distanciado a causa de asuntos que habían quedado sin discutir. Cuando el brazo hubo sanado, también la ruptura familiar se había curado.

La oración autoafirmativa de María fue una apertura. No sabía lo que pasaría, pero la respuesta fue más positiva y mayor que lo que ella jamás se hubiera podido imaginar.

RESUMEN

¿Qué haces: «luchas», «huyes» o «fluyes»?
Una vez hayas descubierto tu reacción habitual, opta en su lugar por explicar cómo es la situación para ti utilizando una oración autoafirmativa.

¿Es «limpia» tu oración autoafirmativa?
Acción: No utilices palabras irritantes.
Respuesta: No culpes.
El resultado que preferirías obtener: No lo expreses como una demanda.

¿Es clara tu frase autoafirmativa?
Acción: Di cuál es *realmente* el problema.
Respuesta: Indica el grado de aflicción que estás sintiendo (o tanto cómo piensas que es adecuado revelar).
El resultado que preferirías obtener: Asegúrate de que es lo suficientemente específico como para que se desarrollen nuevas opciones.
Debemos recordar que el problema es, en realidad, nuestro —no importa lo que la otra persona esté haciendo o cuán justificable sea nuestra queja—. Debemos expresar claramente nuestras propias necesidades y los resultados que querríamos obtener.

CAPÍTULO CINCO

El poder cooperativo

En este capítulo consideraremos las *relaciones de poder*. Examinaremos las clases de dinámica de poder y desequilibrio en que pueden caer las relaciones, y cómo cambiar el «poder sobre» por el «poder con». También consideraremos el *poder personal* (aquello que nos hace a cada uno de nosotros una persona poderosa).

Tómate ahora unos minutos para orientarte dentro del tema. Hazte estas preguntas y escribe lo que piensas.

- ¿Qué significa el poder para ti?
- ¿Qué papel juega el poder en tu vida?
- ¿Quién tiene poder sobre ti?
- ¿Ante quién te sientes fuerte?
- ¿Qué te hace sentir fuerte?
- ¿Ante quién te sientes impotente?
- ¿Cómo disminuyes tú mismo tu poder?

«El poder máximo es la habilidad de producir los resultados que más deseas y crear algo valioso para los demás en el proceso... Poder es la habilidad de cambiar tu vida, moldear las percepciones y hacer que las cosas funcionen a tu favor, no en tu contra... El poder real se comparte, no se impone... Es la capacidad de definir las necesidades humanas y de satisfacerlas (tanto las tuyas como las de las personas que aprecias). Es la habilidad de dirigir tu propio reino personal -tus pensamientos y tu propia conducta- para lograr los resultados que deseas», explica A. Robbins en *Unlimited power*.

En las relaciones personales tu poder es tu capacidad de obtener lo que deseas; se basa en varios factores, que incluyen la posición, la habilidad de dar o retener lo que otros quieren, la experiencia e información relevantes, y las cualidades personales.

BASES DE PODER

Para saber cómo actúan las diferentes bases de poder, considera a las personas a las que obedeces en tu vida, aun cuando no deseas realmente hacerlo (las personas que ejercen influencia para que tú te comportes como ellas quieren). ¿Cuáles son las bases de esta influencia?

Relación valorada. ¿Te importa que tu relación sea amistosa? En qué forma se vería afectada si tú no estuvieras de acuerdo con alguna idea?

Experiencia. ¿Confías en sus consejos porque saben más sobre el tema?

Especialización. ¿Cuál es el área de competencia, información o especialización de los demás?

Posición. ¿Respetas su autoridad? ¿Cómo describirías sus lugares respectivos dentro de la jerarquía o de la escala social?

Recompensa. ¿Te recompensan abierta o disimuladamente por estar de acuerdo? Si este es el caso, ¿cuáles son las recompensas que tienen influencia sobre ti?

Castigo. ¿Te castigan o te censuran de alguna forma? Si es así, ¿cómo?

Persuasión. ¿Les respetas y confías en ellos personalmente? En tal caso, ¿qué cualidades personales admiras o respetas particularmente? Por ejemplo: el sentido común, la habilidad de exponer sus ideas, el carisma o la integridad.

El uso de la especialidad o rango, la promesa de recompensas, la amenaza de castigos, el vínculo emocional en una relación que se valora y la persuasión son medios que ayudan a la gente a obtener lo que quiere. Estos medios se pueden utilizar de una forma justa o injusta. Tomemos la palabra «influencia» como un medio legítimo y aceptable. Sin embargo, algunas personas consideran la influencia como una amenaza a su individualidad, mientras otras son tan cautelosas cuando se trata de utilizarla que terminan con muy poco de lo que desean en la vida. La cooperación y el consenso dependen de la influencia que una parte tenga sobre la otra. La influencia es un elemento necesario en la comunicación. Sin embargo, si nos sentimos engañados, explotados o humillados, entonces algo no ha ido bien en el proceso. En estos casos usaremos la palabra «manipulación». ¿Qué distingue la manipulación de la influencia?

MANIPULACIÓN	INFLUENCIA
El resultado es casi siempre favorable para el manipulador.	El resultado puede afectar o no a la persona que ejerce la influencia.
El resultado es con frecuencia desfavorable para la otra persona.	La voluntad de la otra persona se toma en cuenta.
La información que no apoya el argumento no se revela.	Casi siempre se ofrece toda la información.
La otra persona no se siente libre de elegir.	La otra persona tiene la libertad de elegir.

La diferencia entre influencia y manipulación no es tan clara. Todos manipulamos un poquito a veces. El que sea aceptable o no depende de cuán positivo sea el resultado. ¿Se beneficiaron todos, de alguna forma, en el proceso?

EL TRIÁNGULO DEL PODER

Todos funcionamos dentro de una variedad de diferentes relaciones de poder. Hemos adquirido algunas de ellas de experiencias pasadas y de relaciones personales tradicionales, como padres-hijos, niño-maestro, empleado-jefe, hombre-mujer. A veces esto funciona bien, pero no es así cuando nos sentimos impotentes o poderosos a expensas de alguien. Es fácil para algunas personas caer en juegos de poder y asumir ciertos papeles.

El análisis transaccional define tres papeles que las personas pueden asumir: *perseguidor, rescatador* o *víctima*. ¿Tienes tendencia a caer en alguna de estas trampas?

Muchas personas conocen el papel de *perseguidor* desde la niñez. Los padres a veces utilizan el poder para resolver los problemas («Hazlo porque yo te lo ordeno»). La posición o actitud del perseguidor es: «Yo estoy bien, tú no estás bien». Los perseguidores exigen obediencia para protegerse de la incertidumbre y del temor a perder poder, y se apoyan en las recompensas, en los castigos y en su posición de autoridad. Si tú has crecido imitando este comportamiento, puedes descubrir que asumes el papel de perseguidor con tus propios hijos, con tu esposa y con la gente con la cual trabajas. Tal vez ni siquiera te des cuenta de que lo estás haciendo. Si llegas a ver que has arrasado a alguien con tu punto de vista, sabrás que estás asumiendo el papel de perseguidor.

La actitud del *rescatador* tampoco es correcta porque es una variedad de la posición del perseguidor: «Yo estoy bien, tú no estás bien». El rescatador supone que «los demás necesitan mi ayuda»: necesita ser necesitado. Los rescatadores proporcionan mucho apoyo: ofrecen un oído amigo a una persona que tiene problemas; prestan todo tipo de ayuda, como darle tiempo libre a la persona, hacerle el trabajo, o elegir las opciones por ella. Pero cuando los rescatadores hacen *demasiado*, terminan por sentirse utilizados. Cuando el rescatador defiende a la víctima se crean problemas porque actúa como un amortiguador entre ésta y sus dificultades, y ello hace que se sienta aún más enajenada. Los rescatadores tropiezan en esta trampa por su mismo deseo de ayudar cuando una persona que aprecian se siente maltratada.

Algunos rescatadores se vuelven adictos a este papel y se alimentan de conflictos, corriendo de una persona a otra con malos informes acerca de cada una. Suponen que la persona con la cual forman un alianza en un conflicto les apreciará más. No es sorprendente entonces que sean rechazados por las mismas personas que están tratando de ayudar.

La imagen que la *víctima* tiene de sí misma puede ser «Yo no estoy bien, tú estás bien», o «No puedo arreglar las cosas, necesito a alguien que me ayude». Su sensación de insuficiencia les puede abrumar. Hay varias recompensas que apoyan el papel de víctima: (a) la víctima recibe mucha ayuda; (b) recibe mucha simpatía; (c) no tiene que tratar de solucionar el problema. La impotencia puede disimular el hecho de que la persona siente que es más fácil y menos arriesgado tener el problema que enfrentar los riesgos que supone solucionarlo. Bajo amenaza de violencia o de pérdida del amor, las víctimas sienten a veces que los riesgos son demasiado serios como para tratar de cambiar la situación. La trampa y la tragedia radican en sus profundas actitudes de autoderrota.

¿Cuál es la causa de estas actitudes? Las víctimas aprenden a serlo con otras víctimas. Los padres les enseñan a sus hijos. Los padres, maestros, jefes y sistemas autoritarios pueden atemorizar a la gente y causar esta actitud. A veces la cautela es la causa de que las personas caigan en el papel de víctimas, pues no prueban la situación -o no se prueban a sí mismas- y por lo tanto no se dan cuenta de que si utilizaran la actitud correcta podrían crear cambios positivos fácilmente.

Es importante distinguir entre *víctimas que están actuando* y *víctimas genuinas*. Las víctimas genuinas que sufren necesidades, injusticias y accidentes naturalmente merecen cuidados y simpatía y necesitan apoyo hasta que se puedan valer por sí mismas. Los conocimientos sobre la resolución de conflictos tienen un papel sumamente importante en señalar desequilibrios de poder que dejan a individuos o grupos en severa desventaja. Las víctimas verdaderas merecen que se les reconozcan las injusticias que se les han hecho; necesitan todos los conocimientos detallados en este libro y puede ser necesario recurrir a la ley para hacer valer sus derechos.

Si tu papel es el de mediador, tu primera responsabilidad es proteger a la víctima genuina. Si no hay una identificación emocional con la posición de desventaja, la víctima comenzará a responder apoyándose y ayudándose a sí misma. Por el contrario, las víctimas que están actuando parecen atraer los accidentes, percances y enfermedades. La persona que se ha atribuido a sí misma el papel de rescatador para satisfacer su ego, es atraída fácilmente por la víctima, que también se ha atribuido a sí misma su papel. Son una pareja perfecta hasta que uno de los dos ve la luz.

A partir de tres personas en una familia o grupo de trabajo se desarrolla a menudo un *triángulo*. Es como una obra improvisada que se repite todas las noches. El libreto varía a veces, pero la obra es casi siempre la misma. Uno de los personajes es «el malo». La persona más débil -tal vez un niño o un adulto con baja autoestima- desempeña el papel de «víctima inocente», y la tercera persona toma el papel de rescatador, defendiendo a la víctima del perseguidor. Cuando se aburren pueden cambiar los papeles o incluir a otras personas. En algunas familias el drama incluye violencia física; en otras es más disimulado, e incluye desaires sutiles o momentos en los que se expresa el odio en la intimidad.

Asumir responsabilidades: el perseguidor enseña, el rescatador actúa como mediador y la víctima aprende

¿Se repite en tu vida un triángulo del poder que has vivido en otras etapas? ¿Sientes a veces que estás tratando con un grupo de tontos que se desviarían sin tu mano firme? ¿Te quejas de alguna persona cuando está ausente, diciendo: «¿No es horrible»? ¿Sientes que te han tratado mal pero no has hecho nada para remediar la situación? Obsérvate a ti mismo con el fin de encontrar indicios del perseguidor, rescatador o víctima y examina las actitudes que están detrás de esta conducta.

Existen otras formas de encarar las relaciones del triángulo del poder. Una vez que has asumido la responsabilidad de tus relaciones de poder puedes transformar estos papeles rechazando sus aspectos dañinos y negativos. Cambiando las actitudes, el *perseguidor* puede *enseñar*; el *rescatador, mediar;* y la *víctima, aprender*.

Actuando de esta forma puedes elegir cómo relacionarte con las personas en estos dos vértices. Si soy una víctima y elijo aprender, entonces puedo elegir ver a mi perseguidor como a un maestro.

El triángulo del poder puede llevarte al descubrimiento y a la respuesta creativa del capítulo 2. Nuevas posibilidades y soluciones reemplazan la superioridad, la compulsión de sentirse necesitado y la impotencia.

DE LA IMPOTENCIA AL PODER

Como víctima podrías recibir mucha simpatía y evadir las responsabilidades, pero cada paso hacia la autoayuda te lleva de la impotencia al poder. Ello transforma a la víctima en aprendiz, descubridor y explorador. ¿Qué puedo hacer para mejorar la situación? Esta es la pregunta.

Abandonar el papel de víctima significa enfrentarse a un desafío. Muy pocos perseguidores abandonan voluntariamen-

EL TRIÁNGULO DEL JUEGO DEL PODER

PERSEGUIDOR

«Yo estoy bien, tú no estás bien.»
«Debe ser tu culpa.»
- A menudo obtiene lo que desea a corto plazo.
- Las relaciones de mucho tiempo están en desequilibrio.

RESCATADOR

«Yo estoy bien, tú no estás bien.»
« Las otras personas son inadecuadas. Necesitan mi ayuda.»
- A menudo ofrece la ayuda que no se desea.
- Con frecuencia acaba siendo explotado o rechazado.

VÍCTIMA

«Yo no estoy bien, tú estás bien.»
«No puedo solucionar mis problemas y necesito a alguien que me ayude.»
- Muy dependiente.
- No es feliz y tiene una autoestima muy baja.

EL TRIÁNGULO DEL DESCUBRIMIENTO

ENSEÑANZA

Demuéstrale a la persona qué es lo mejor para cada uno y explica la razón.
- Solicita y respeta el punto de vista de la otra persona.
- Abandona las amenazas, no culpes a las personas y evita los resentimientos.

MEDIACIÓN

Anima a las personas a que solucionen sus desacuerdos.
- Apoya a las personas que están defendiéndose y ayudándose.
- Observa la situación global y considera cuánta ayuda es (o no es) adecuada.

APRENDIZAJE

Utiliza incluso la situación más difícil como una oportunidad para aprender.
- Comienza por algo que puede crear un cambio positivo.
- Celebra tu capacidad creciente de valerte por ti mismo.

LA ANÉCDOTA DE ESTEBAN

Soy el director de una escuela de un pueblo pequeño. En una oportunidad un nuevo maestro comenzó a trabajar en ella y le animé a que me comentara cualquier dificultad. El maestro pronto vino a verme con un gran problema: había castigado a un alumno que siempre causaba problemas, pero ahora se daba cuenta de que había sido demasiado severo. El niño se había quejado a sus padres, los cuales estaban furiosos y pronto lo sabría todo el pueblo. Existía la amenaza de que esto se transformara en un juego clásico de víctima-perseguidor-rescatador.

En lugar de decidir quién tenía o no la razón me convertí en mediador.

Llamé a todas las partes involucradas. Apoyé el reconocimiento del error y el arrepentimiento del maestro ante el niño y sus padres (evitando así que lo percibieran como al perseguidor del niño o como la víctima del director o de la sanción del pueblo). Animé al niño a darse cuenta de que había provocado al maestro, y que si bien las personas cometen errores, estos se pueden corregir y se pueden formar nuevas relaciones. Esto puso al niño y a los padres en la posición de aprendizaje y continuamos con una discusión constructiva acerca de cómo el maestro, el niño y los padres podían encontrar nuevas formas de relacionarse entre sí.

---

te su obsesión por controlar. Además están acostumbrados a ganar en las confrontaciones directas y no reciben muy amablemente un ataque frontal. Transformar a un perseguidor requiere pericia, pero a la larga puede ser más efectivo que derrotarlo, ya que los perseguidores se pueden volver enemigos peligrosos. ¿Podrías tú redimir la injusticia y mantener al perseguidor de tu lado?

Enfrentarse a gente poderosa

Por supuesto, no todas las personas poderosas juegan el papel de perseguidores. Bien sea que la persona utilice el poder como un bastón emocional o no, la fortaleza de su base de poder hace que sea difícil confrontarlos.

¿Qué se puede hacer cuando una persona más fuerte te dice: «No»? Estas son algunas estrategias:

1. Piensa en las formas de lograr que confíe en ti. Por ejemplo, háblala con más frecuencia, cuéntale tus inquietudes...

Dirígete hacia el enfoque «Tú ganas / Yo gano».

2. Cuando te hable de un tema expresa claramente tu propósito y dirección y recuerda:

(a) Tú deseas que se consideren las necesidades de todos.

(b) Utiliza medidas objetivas para juzgar lo que es justo en lugar de que cada persona trate de imponer su voluntad.

(c) Trata de resolver el problema en conjunto, en vez de pronunciar frases terminantes.

3. Sin amenazar, detalla claramente las consecuencias de no llegar a un acuerdo. Asegúrate de que estás al tanto de tus derechos legales y de los procedimientos. Averigua las consecuencias que probablemente tendrá el hecho de que la otra persona se mantenga en esta posición. ¿Qué clases de incentivos la pueden persuadir?

4. Piensa en tus alternativas y cómo utilizarlas al máximo si no llegas a un acuerdo. Es importante no mostrarse demasiado ansioso (véase el capítulo 10, *Negociación, la mejor alternativa a un acuerdo negociado*).

5. Las coaliciones y las alianzas pueden ser muy persuasivas, por lo tanto busca personas que te apoyen.

6. Dirige la energía en otra dirección. La oposición se puede transformar de la siguiente forma:

(a) Transforma un ataque personal en un ataque al problema. Por ejemplo, «Eres estúpido e idiota» se puede contestar con: «¿Qué aspecto del problema no he tomado en cuenta?».

(b) Evita oponerte directamente a la otra persona. En lugar de decirle «Estás completamente equivocado», pregunta: «¿Hemos considerado las necesidades de todos los presentes?».

(c) Presenta la oposición o la solución de la otra persona solamente como una de las tantas opciones que existen. Transforma, por ejemplo, «Lo vas a hacer como yo digo» en «Esa es una alternativa. ¿Hay alguna otra que podría funcionar?».

(d) Averigua qué ha sido lo que les ha hecho elegir esa opción. Por ejemplo: «Dijo que le gustaría usar el plan X, ¿por qué lo eligió?».

(e) Expresa las necesidades y los valores de los demás: «Pienso que deberíamos tener en cuenta la necesidad de espacio de Roberto».

7. La gente que utiliza mal el poder quiere demostrar que es poderosa. Si no deseas convertirte en su blanco, no ataques verbalmente a las personas con sed de poder; aliméntalas con afirmaciones positivas.

8. Utiliza la *escucha activa* (véase el capítulo 3, *Empatía*) para descubrir las necesidades específicas de cada uno.

9. Considerando la situación, decide cuáles son los puntos por los cuales vale la pena luchar , y aquellos por los que no. A veces el costo de luchar contra una persona poderosa es demasiado alto; en otras ocasiones el mal uso del poder causa tanta indignación que tal vez consideres que vale la pena arriesgarlo todo por oponerse.

PODER PERSONAL

Se puede distinguir entre el poder derivado de la posición, (que es la consecuencia del puesto o papel que desempeña una persona) y el poder personal (que es el resultado de la personalidad). Los dos no siempre se encuentran juntos: algunas personas tienen el poder de la posición pero no parecen tener mucho poder personal, y viceversa.

¿En qué consiste el poder personal?

Piensa en alguien a quien conoces y a quien admiras por su poder personal.

Hemos preguntado muchas veces esto en seminarios y hemos constatado un dato interesante acerca de las respuestas: los participantes casi siempre nombran cualidades que les gustaría desarrollar personalmente. ¿Se puede aplicar esto mismo también a ti? ¿Podrías agregar algunas cualidades más a la lista?

Éxito
Energía
Un sentido claro de dirección
Buen liderazgo
Buena comunicación
Carisma
Persuasión
Entusiasmo
Calma
Equilibrio
Amabilidad
Lógica
Espíritu de cooperación
La habilidad de dominar las emociones, en vez de suprimirlas
Percepción
Sabiduría

Muchas de estas cualidades tienen relación con la propia maestría.

Quitar el poder a las palabras

A veces la forma en que utilizamos el lenguaje disminuye nuestro poder.

En lugar de decir...	Prueba...
Sólo soy una ama de casa.	Soy ama de casa.
No sé hacer muy bien...	Tengo que aprender más acerca de...
Soy muy nueva en este lugar.	Acabo de empezar aquí.
Solamente quería decir...	Deseo agregar que...
No quiero quitarle su tiempo, pero...	¿Tiene unos minutos? Tengo algo que decirle.
Es difícil cuando se tienen tres niños y un sueldo bajo...	Estoy encontrando difícil la situación con tres niños y un sueldo bajo.

¿Cuántas veces te has dicho: «No tengo deseos de ir a trabajar pero tengo que hacerlo»; «No quiero llamarles, pero supongo que tendré que hacerlo»; o «Me aburro cuando visito a esa gente, pero supongo que tendré que ir»? ¿Cuáles son algunas de las cosas que haces solamente porque piensas que deberías hacerlas? Cuando usas la palabra «tú» (la segunda persona) refiriéndote a ti mismo, transformas la experiencia en una vivencia impersonal y disminuyes las posibilidades de cambiar la situación.

Maestros de las situaciones, no víctimas

¿Cómo te enfrentas a una tarea a la cual te resistes? Si aceptas los desafíos que presentan las dificultades y haces lo mejor, tu poder personal crecerá.

Cada vez que te enfrentes a un deber transfórmalo en una elección. «Debería ir a ver el partido de fútbol de mi hijo, pero quisiera hacer la compra y cortar el césped», se puede transformar en: «Elijo darle este apoyo a mi hijo, las otras cosas pueden esperar». La calidad de tu compañía será diferente si haces el esfuerzo deliberado de estar allí. Los hijos pueden oler a kilómetros la diferencia entre la elección y la obligación.

¿Actúas por «obligación» o por elección?

LA EXPERIENCIA DE RITA

Soy madre de dos hijas adolescentes y siempre he sentido resentimiento al tener que pasar tanto tiempo en el supermercado haciendo las compras para la familia; algo que siempre me ha molestado. Solía pensar en las cosas que me gustaría estar haciendo mientras permanecía haciendo una de esas colas largas y retorcidas. Un día en que estaba en una de ellas, llena de resentimiento, me puse a mirar el carrito de otra persona y me sorprendí al ver la cantidad de artículos de poco valor nutritivo que tenía apilados. Me puse a pensar en lo que estaba haciendo realmente en el supermercado: no «tenía solamente que hacer las compras», sino que estaba eligiendo colaborar con la buena salud de mi familia. Siempre ha sido importante para mí que consuman alimentos saludables y equilibrados y prefiero elegirlos yo misma en vez de dejar que lo haga otra persona. Cuando me di cuenta de que quería hacer las compras, me sorprendí de cuántos otros aspectos positivos podía encontrar (lo afortunada que era porque podía comprar lo que quería). Hasta comencé a hacer un juego de mi aventura de ir al supermercado: ¡empecé a sonreír a los compradores y contaba las sonrisas que recibía a cambio!

Si vas a una reunión porque te sientes obligado a hacerlo, la reunión te está dominando a ti. Puedes ser dominado por la gente o por las situaciones, o aun por tu propia moral («Debería prestar apoyo», «Debería ser honesto», «Debería interesarme más»...). Esto significa que no eres tú quien manda: presiones exteriores, o la autoridad o el recuerdo de autoridades en tu pasado están dominando tu poder de decisión. ¿Has colgado el teléfono alguna vez irritado con un amigo que te estaba diciendo lo que deberías hacer? Un comentario infantil: «Cuando mamá me dice "debes" todo lo que yo siento es que «no quiero».

Tienes dos opciones: puedes obedecer o rebelarte. Si obedeces sientes resentimiento; si te rebelas hay resistencia, y tal vez también resentimiento. Las dos opciones desgastan tu energía y estimulan alguna forma de venganza. Tenemos que equilibrar el presupuesto de nuestra energía de alguna forma. Si obedecemos y luego tratamos de vengarnos caemos en el papel de víctima. Si conseguimos lo que queremos nos transformamos en perseguidor (no importa cuán sutilmente lo hagamos).

Si, por el contrario, elegimos tener esa experiencia, estamos autodirigiéndonos y no obedeciendo a una imposición. Somos autónomos. Cuando la vida nos presenta un desafío decidimos si aceptarlo o no. Nos sentimos libres, no importa la decisión. Aquí tenemos algunos ejemplos de elecciones autodirigidas.

En lugar de...	Prueba...
Mamá se enojará mucho si no voy.	Quiero darle una alegría a mi madre, al ir a verla.
¿Por qué tendría que visitar a mi abuela al hogar de ancianos? De todas formas, apenas me reconoce.	Tal vez durante unos minutos se dará cuenta de que me importa lo suficiente como para ir a verla Eso hace que valga la pena el el esfuerzo.
Es tan lejos para conducir hasta allí...	Llevaré algunas cintas para hacer más agradable el viaje.
Tendría que planchar la ropa de mi familia.	Plancharé para que todos estén presentables. Es una forma de demostrarles mi amor.

LA EXPERIENCIA DE SANDRA

Hace poco recibí un mensaje de mi jefe ordenando al personal que utilizara ciertos nuevos procedimientos. Estaba mal escrito, y a mí y a otros miembros del personal nos parecía dictatorial. Tenía dos opciones: obedecer o rebelarme. De cualquier manera, me iba a sentir muy mal. ¿Había otro camino?

No se trataba de cambiar internamente mi forma de ver las cosas; era necesario hacer algo acerca de este mensaje. Fui a ver al jefe con una frase preparada cuidadosamente: «Quisiera que sepa que cuando leí esto sentí deseos de hacer lo opuesto a lo que se pide, y no quisiera que fuera así. Yo quisiera colaborar y prestar apoyo». Mi actitud no era de desafío, sino basada en los hechos.

Mi jefe se lo tomó mejor de lo que yo esperaba. Dijo: «Es interesante. ¿Qué parte la hizo sentir así?». Y hablamos de ello. En esta discusión amistosa cara a cara pude adquirir una idea de la situación. Sentí que ahora podía elegir libremente seguir los nuevos procedimientos. Mi jefe recibió algunas pautas muy útiles acerca de cómo acercarse al personal para llevar a cabo el nuevo plan.

Cuando Sandra terminó la conversación, la relación había ganado un nuevo elemento -el respeto-, el cual continuó desarrollándose. Su compromiso con la elección y la autonomía personal resultó un beneficio en lugar de limitar su relación con la autoridad externa.

DEBERÍA VERSUS ELIJO

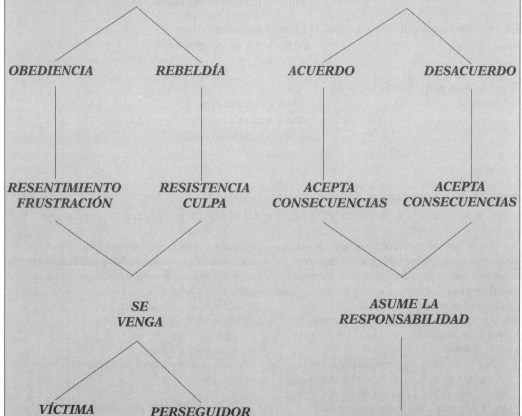

DEBERÍA

Autoridad

Las acciones son dirigidas por autoridades del pasado y del presente

OBEDIENCIA   REBELDÍA

RESENTIMIENTO   RESISTENCIA
FRUSTRACIÓN   CULPA

SE
VENGA

VÍCTIMA   PERSEGUIDOR

ELIJO

Autonomía

Las acciones son autodirigidas

ACUERDO   DESACUERDO

ACEPTA   ACEPTA
CONSECUENCIAS   CONSECUENCIAS

ASUME LA
RESPONSABILIDAD

LIBERTAD PERSONAL
DESCUBRIMIENTO

Cambiar de «debería» a «elijo» significa que podrás tolerar mejor tus propios «debería» así también como los «debería» de los demás. Concéntrate en la mejor razón para hacer algo (cambiará el día para mi abuela) y haz todo lo que puedas para apoyarte a ti mismo mientras lo haces. En este momento debe haber varias cosas que a ti no te gusta hacer. Si las estás haciendo de todas formas, ¿por qué no eliges hacerlas y te liberas a ti mismo para poder disfrutarlas?

Ejercer tu elección de esta manera puede marcar la diferencia entre una buena y una mala jornada. Aplicado día tras día a miles de tareas puede transformar una ineficaz existencia mundana en una existencia plena de poder personal. El poder personal crece cuando quieres lo que tienes en tu vida: puedes resistir o fluir con cualquier circunstancia que la vida te presente. Desarrolla ese hábito con tareas pequeñas. Cuando lleguen los grandes desafíos te alegrarás de haber decidido que la elección dirigiera tu vida.

El poder personal crece cuando quieres lo que la vida te ha dado

CONFLICTOS PASADOS

Así como podemos hacer elecciones dinámicas en lugar de obedecer o resistirnos a las circunstancias que se presentan en nuestra vida, así también podemos transformar las memorias del pasado para cambiar el sabor del presente. Podemos elegir resolver viejos conflictos. El dolor y el resentimiento guardado en el interior pueden darle un tono agrio a nuestra voz cuando nos enfrentamos a un conflicto que nos recuerda a otro antiguo.

Podemos transformar muchos años después un hecho que ha ocurrido en el pasado. La capacidad para hacerlo llega cuando reconocemos y aceptamos el valor de las consecuencias a largo plazo que tiene este hecho.

Potencia el presente al elegir el pasado

¿Ha habido alguna circunstancia en tu vida que todavía te afecta? ¿Han surgido algunos beneficios de la situación? Si tuvieras que hacer todo de nuevo, ¿qué harías diferente? ¿Qué dejarías sin cambiar? ¿Qué más necesitarías para cambiar tu perspectiva desde el resentimiento a la elección? Cuando respondes con la elección en vez de la resistencia estás trabajando con la libertad que fluye en todos los aspectos de tu vida.

Utilizar la energía para potenciarse

«Ella es tan vital»; «Estás de un humor pésimo»; «Estoy aquí y allí»; «Son un peso muerto»; «No me gustan sus vibraciones»... estas son formas comunes de hablar de la energía de las personas. Así como la lamparilla eléctrica es

LA ANÉCDOTA DE ALICIA

Descubrí con disgusto que mi esposo había estado haciendo el amor regularmente con otra mujer (una amiga mía) en nuestra cama matrimonial. Me divorcié sintiéndome profundamente traicionada, y continué criando a mis hijos. Diez años después llegué a mi casa muy temprano de la oficina, abrí la puerta de mi dormitorio y descubrí a mi hijo de 17 años haciendo el amor con su novia en mi cama. Recuerdos del dolor pasado volvieron a mi mente. No podía tolerar que hiciera el amor con nadie en mi casa, y menos en mi propia cama, y me enfurecí y le grité, reprochándole su conducta.

Después me arrepentí de la forma en que había reaccionado. Me di cuenta de que mi divorcio había teñido mis perspectivas acerca de la conducta de mi hijo. Todo ello me hizo pensar en el episodio de mi divorcio. Me di cuenta de que ahora no me gustaría estar con Daniel (mi ex-esposo). Me arreglé muy bien con los niños sin él. Mi vida no ha sido siempre fácil, pero pienso que ha sido más fácil que si me hubiera quedado con él. Ahora puedo dejar el drama del divorcio. No culpo ya a Daniel por la forma de ser que tiene. Después de pensar en todo eso me sentí completa de nuevo. Unos días más tarde pude tener una conversación más tranquila con mi hijo y llegamos a acuerdos más razonables.

una fuente de energía que emite luz, lo mismo ocurre con los seres humanos. Esta energía depende en parte de la salud física y del metabolismo pero también de nuestros pensamientos y sentimientos. Las actividades físicas, mentales y emocionales tienen componentes de energía que a veces podemos percibir como vibraciones o auras. En realidad siempre estamos respondiendo a la percepción inconsciente de la energía de otras personas, al igual como a lo que dicen o hacen.

Cuando alguien utiliza su poder sobre otra persona, su energía invade el «espacio energético» de ésta. Este abuso de la energía casi siempre causa dolor, resentimiento o enojo. Tú probablemente has invadido el espacio de alguien cada vez que has insistido en imponer tu voluntad. ¿Te doblegas cuando alguien invade *tu* espacio energético? Si es así, tu aura decae, te sientes «aplastado» o «disminuido». Una persona que ha experimentado demasiados «tú deberías» o «tú no deberías» durante un largo tiempo tiene su sistema de energía bajo mínimos. Se puede sentir deprimido, reprimido o debilitado.

Otras personas, sin embargo, se rebelan cuando alguien trata de imponer su poder. Su cólera rebelde les da mucha fuerza, pero gradualmente desarrollan una armadura de pro-

tección que puede dejarlos insensibles a las necesidades de las personas de su alrededor. Esta armadura protectora se evidencia en una cierta rigidez de los músculos alrededor del tórax; se refleja también en un nivel de energía, de forma que estas personas autoprotegidas parecen tener una caparazón de espinas, o si se trata de hablar con ellas es «como hablar con una pared».

Las relaciones entre iguales son muy valiosas. ¿Cuáles de tus relaciones son así? Un uso adecuado del poder permite que el otro y tú podáis elegir. Desde esta posición se desarrollan

relaciones de poder cooperativo, en las cuales dos personas pueden unirse en la búsqueda de soluciones para sus problemas mutuos: cada una mantiene su poder personal intacto y respeta el espacio y la integridad de la otra persona. Esta es la diferencia entre el «poder con» y «el poder sobre».

Las personas con abundante poder personal son aquellas que no lo disipan en sumisión o rebelión. Son personas completas y centradas, que están totalmente presentes en el aquí y el ahora. Los demás las consideran personas vitales y listas para la acción.

Los principios del aikido

Las artes marciales han usado desde hace mucho tiempo el principio de «centrarse» físicamente como preparación para el combate. Algunas personas creen que el centro geométrico de todas las fuerzas que actúan en el cuerpo humano se encuentra en un punto que se podría localizar dos dedos por debajo del ombligo. El nombre en japonés de este punto es *hara*. Si uno conoce este punto es capaz de mantenerse alerta y en una posición firme en cualquier situación. No tienes que esperar a un combate físico para descubrir su utilidad: trata de concentrarte en tu «hara» la próxima vez que te sientas aturdido por demasiadas obligaciones o cuando algo te ha trastornado.

Céntrate y fluye

Tómate un momento y prueba ahora mismo. Tócate el abdomen, justo debajo del ombligo y presiona suavemente. Dirige la energía hacia tu mano. Cuando hayas localizado

LA EXPERIENCIA DE ELISA

Soy una mujer bastante objetiva, pero no sabía qué hacer acerca de una relación en el trabajo. Mi jefe, que era un hombre muy intelectual y dogmático, usaba continuamente su facilidad de palabra para discutir conmigo. Teníamos ideas opuestas sobre religión y feminismo, y aunque por lo general no tengo dificultad en debatir temas, sentía que siempre me restaba importancia y no me escuchaba. Era así con todo el mundo y yo me sentía impotente para cambiar la situación. Sin embargo, realmente no quería que continuara. Pensando cuidadosamente en el problema, me di cuenta de que cada vez que estaba cerca de él permitía que mi energía disminuyera. Decidí que tendría que ser muy asertiva para mantener mi posición y no sentirme disminuida por su fuerza. Me imaginé a mí misma manteniendo mi energía cuando me comunicara con él. Un día le dije: «Comprendo su punto de vista, pero no estoy segura si comprende el mío». Después procedí a explicarle mis valores detalladamente. No fui agresiva, pero tampoco cedí. Usé mi propio poder personal para igualar el suyo y para demandar mi derecho a ser tratada como igual.

la sensación mira a tu alrededor: deberías sentirte muy alerta. El arte marcial *aikido* utiliza el principio de centrarse como punto de partida. Enseña, además, cómo comportarse en un conflicto. El nombre *aikido* está compuesto por tres palabras japonesas: *ai,* que significa «armonía»; *ki,* que significa «energía universal»; y *do,* que significa «la manera». Todo junto: «La manera de armonizarse con la energía universal».

El *aikido* se basa en el principio de que existe una fuerza universal de energía que fluye a través de todo, de modo que las personas se pueden alinear con esta fuerza y alinear la energía de otros. El propósito de una llave de *aikido* no es hacer daño, como en otras artes marciales, sino desarmar o desviar el ataque. En la práctica física, parece una danza, a medida que los movimientos hacen que la energía del atacante se desgaste y se vuelva inofensiva. Un maestro *aikidoka* se mantiene alerta y fluye con la energía del adversario. El piragüista experto hace algo similar cuando fluye con la corriente de los caudales y evita las rocas en los ríos.

Aplica estas técnicas a los conflictos de todos los días de la siguiente forma:

1. Fluye con la energía, no le ofrezcas resistencia. Tu fuerza reside en la habilidad de evitar la resistencia.

2. Danza. Dirige la energía del ataque hacia lo positivo. Convierte las expresiones negativas en positivas. Un vaso puede describirse como medio vacío o medio lleno. Ayuda a la otra persona a decir lo que quiere, en lugar de lo que no quiere.

«Poder con» en vez de «poder sobre»

3. Utiliza la energía de la otra persona, aunque ésta se muestre enfadada o en actitud de ataque. Averigua de dónde viene su energía y apoya sus genuinas demandas mediante las tuyas. Reconocer las necesidades de la otra persona puede cambiar la relación espectacularmente. Recibe la energía como una contribución hacia la solución: «Estoy contento de que hayas mencionado eso...»; «Debemos incluir tu idea». Hazles saber que estás de su lado. Permite que la contribución de ellos se una a la tuya para aportar un enfoque más amplio del problema.

4. El propósito final es consideración y respeto. A veces te encontrarás en el papel de maestro, y deberás fijar límites firmes y prevenir o corregir la conducta inadecuada. El *aikido* es siempre afectuoso. Neem Karoli Baba dijo: «Haz lo que haya que hacer con otra persona, pero nunca la dejes fuera de tu corazón».

Once pensamientos que dan poder

1. «La vida no es cualquier cosa; es la oportunidad de hacer algo» -escribió Friedrich Hebbel, poeta alemán. Lo importante es lo que tú le brindas a la vida, no lo que la vida te brinda a ti.
2. La vida puede ser un proceso continuo de crecimiento y desarrollo. Si eliges verla de esta forma le agregas un sentido y una dirección.
3. Todo y todos están de tu parte si tú decides verlo de esta forma.
4. Busca la buena intención detrás del comportamiento aparentemente hostil.
5. Los sucesos abrumadores pueden ser oportunidades para el cambio y para crear nuevos vínculos de fortaleza y amor.
6. El fracaso es una espléndida oportunidad para aprender.
7. El éxito comienza con la dedicación. Todo lo demás deriva de esto.
8. Mantén el miedo en una mano y el coraje en la otra. El miedo de por sí no es una buena razón para evitar hacer algo.

9. Alinea tu poder personal con la vida. Acepta el presente antes de imaginarte lo que podría ser.
10. Estáte aquí ahora. El punto de poder está en el presente.
11. Esto no es un ensayo para la vida, esto es la vida.

RESUMEN

1. «El poder máximo es la habilidad de producir los resultados que deseas y de crear algo valioso para los demás en el proceso.» (Anthony Robbins).
2. El poder se puede desarrollar por un vínculo emocional con una amistad que se valora, por el uso de la experiencia o rango, por la promesa de una recompensa, por la amenaza de un castigo o por la capacidad de persuasión de la persona.
3. Podemos distinguir entre manipulación e influencia según el resultado negativo o positivo que tuvo para la otra persona.
4. Los papeles del triángulo del poder (perseguidor, rescatador o víctima) se pueden transformar en maestro, mediador y aprendiz cuando las personas asumen la responsabilidad de sus relaciones de poder.
5. Busca maneras de cambiar el orden del día de una persona poderosa que opone resistencia hacia el enfoque «Tú ganas / Yo gano».
6. El poder personal disminuye con los «debería».
7. El poder personal crece cuando tú aprecias lo que tienes en la vida.
8. Potencia el presente eligiendo el pasado.
9. Crea relaciones igualitarias: «poder con», en vez de «poder sobre».
10. Utiliza los principios del *aikido* para «centrar» los acontecimientos.
11. La meta es el poder cooperativo: «Haz lo que haya que hacer con otra persona, pero nunca la dejes fuera de tu corazón».

CAPÍTULO SEIS

Manejar las emociones: alicientes para el cambio

¿Alguna vez te has sentido:

- tan abrumado que no has podido pensar claramente en lo que deseabas decir?
- tan indignado que pensaste algo similar a: «Se lo voy a demostrar. Nunca más me van a hacer eso»?
- tan ofendido por alguien que nunca le has podido perdonar?
- con tanto miedo que te has puesto a temblar?
- tan agitado que no podías mantenerte sentado?
- incapaz de dominarte y profiriendo una andanada de insultos?
- incapaz de evitar que alguien te insultara?
- a punto de matar a alguien?
- a punto de suicidarte?

Las emociones pueden abrumarnos y hacernos perder el control. El desarrollo de la capacidad de manejar las emociones consiste en ponernos en contacto con ellas para encauzar su energía en una dirección positiva.

No niegues tus emociones. No es conveniente fingir que no tienes ningún problema cuando le han dado un golpe a tu coche. No es una buena idea actuar como si nada hubiera pasado cuando tu hijo adolescente regresa dos horas más tarde de lo convenido. La forma mas rápida de lograr que te pidan disculpas cuando te han ofendido es expresar tus sentimientos

Dominar las emociones: No seas indulgente. No las niegues. Utilízalas para crear relaciones más completas

a la persona que lo ha hecho (véase el capitulo 4, *Asertividad adecuada*). Por otra parte, si deseas hacer amigos y tener influencia, no des rienda suelta a tus emociones. Una rabieta en el trabajo puede hacer que pierdas el empleo. Si te irritas con mucha frecuencia con tu cónyuge, y se lo demuestras, puedes hacer fracasar tu matrimonio. Sumergirte en la aflicción y el dolor puede generar simpatía por un tiempo, pero también puede consumir una buena relación. Si no te enfrentas nunca con lo que te da miedo, te sentirás más seguro, pero es probable que no consigas lo que realmente quieres.

Para la mayoría de las personas el éxito en la vida depende del compromiso, de la amistad y de la intimidad. Nuestras emociones nos dan la pauta de cómo se desarrolla la relación, de qué es lo que está funcionando bien o mal. Cuando las emociones se dirigen correctamente, se crean relaciones más completas.

CUERPO-MENTE

Existe una rama de la psicología, aún en desarrollo, denominada «Bioenergética». Se basa en la creencia de que existe una conexión estrecha entre el cuerpo y la mente. La respiración y el metabolismo del cuerpo crean energía, y ésta se utiliza tanto para efectuar los movimientos físicos como para expresar las emociones y los pensamientos.

Las emociones son producto de la energía, del cuerpo y de la mente.

Así como la electricidad circula por los cables, la energía del cuerpo se dirige a las diversas áreas por intermedio de la contracción muscular y de la relajación. Las intrincadas y dinámicas formas de la corriente de energía se reflejan en los sentimientos, pensamientos y acciones. Es un solo proceso, con

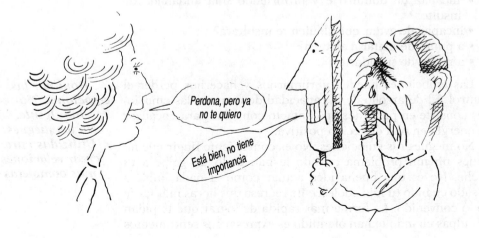

diversas manifestaciones, similar a la forma en que la electricidad en una bombilla se manifiesta al mismo tiempo en luz y calor. Por lo tanto, en cierto sentido no solo tenemos un cuerpo, somos un cuerpo, somos cuerpo-mente.

A menudo percibimos nuestras emociones a través del cuerpo. Lo vemos reflejado en el lenguaje cotidiano cuando utilizamos expresiones como «Lo siento en la piel», «Ella me da náuseas», «Tengo el estómago agitado», «Tiene un gran corazón», «Eres como un dolor de cabeza». El cuerpo es como un ordenador gigante que lee constantemente nuestra relación emocional con otras personas, con el medio ambiente y con las ideas, y muestra en la pantalla de la conciencia cada respuesta importante a medida que ésta aparece.

Los sentimientos, pensamientos y acciones interaccionan entre sí a través de la corriente de energía, los cuales además de responder a lo que está pasando en el momento, se alimentan de procesos profundos e inconscientes (pensamientos no formados, relaciones sin explorar, intimidad sin resolver). La energía del cuerpo, que se detecta por la forma en que nos movemos, es una historia «congelada» de nuestra experiencia.

El proceso de envejecimiento produce cierta rigidez en el cuerpo, pero una mayor rigidez se produce a través de la represión de las emociones: el miedo que paralizó al cuerpo, el enfado que no se pudo expresar gritando o golpeando, las lágrimas que no se pudieron derramar... Si alguien te ha hecho algo, puedes sentir un enfado inexpresado. Puede ser que se retarde su expresión hasta que el momento sea apropiado, pero mientras tanto se acumula en el cuerpo y esta acumulación produce rigidez en los músculos, lo que a su vez altera la distribución normal de energía. En el transcurso de la vida, se pueden acumular una gran cantidad de sentimientos reprimidos, que podrían estar esperando para ser liberados.

Lo peor de esto es que limitando la expresión de sentimientos tales como dolor, enfado, miedo y pena, también se restringe la habilidad de sentir placer. El placer se experimenta en una corriente expansiva de energía que corre a través del cuerpo. Esto no puede suceder plenamente cuando los músculos se mantienen constantemente contraídos. No se puede ser feliz si no se puede experimentar tristeza, y no se puede sentir realmente amor si no se es capaz de expresar ira.

El dominio de las emociones mejora cuando se comprende la conexión íntima que existe entre la mente, el cuerpo, la energía, los sentimientos, los pensamientos y las acciones. El resto de este capítulo explorará tres formas efectivas de encarar las emociones difíciles:

- *Descarga emocional:* descargar los sentimientos excesivos de una forma privada y segura.
- *Enfoque:* explorar y analizar los procesos inconscientes.
- *Comunicar los sentimientos:* utilizar la energía emocional para crear cambios positivos.

LIBERACIÓN EMOCIONAL

En la sección anterior, *Cuerpo-Mente,* hemos visto cómo la tensión muscular se acumula en el cuerpo debido a las emociones que no han sido expresadas.

Si la acumulación emocional es excesiva, el cuerpo puede sufrir físicamente. Muchos médicos están de acuerdo en la actualidad en que las enfermedades físicas tienen un componente psicológico. Las enfermedades cardíacas, las embolias y los cánceres y aun el resfriado común bien pueden ser respuestas a una sobrecarga emocional. Los tratamientos modernos para el cáncer toman en consideración la capacidad de la persona de expresar el enfado. Los médicos y otros profesionales usan cada vez más los tratamientos adicionales inspirados por autores como John Harrison (*Love your desease, It's making you healthy*) y Louise Hay (*Usted puede sanar su vida*). John Harrison dice: «Si no se les presta atención a la emociones, es decir, si no se expresan y caen en el olvido, el efecto puede ser un estado crónico de temor (ansiedad), tristeza (depresión) o enfado (agresión)». El efecto a largo plazo en el corazón es la enfermedad. Louise Hay relaciona los síntomas físicos con disturbios emocionales. Sugiere, por ejemplo, que para lograr una recuperación completa de una enfermedad cardíaca puede ser necesario que el paciente considere cómo ha bloqueado la alegría durante su vida. Pueden ocurrir lesiones «por accidente» en los pies y los tobillos en momentos en que la persona siente que le falta movilidad y dirección.

Cuanto mayor sea la acumulación de sentimientos reprimidos en el pasado, mayor será la falta de conexión con el presente. Es como si nuestro ordenador mental estuviera sobrecargado y no pudiera darnos el resultado correcto. Si se acumula demasiada tensión, el accidente más trivial se convierte en una excusa para descargar parte de este exceso. Algún pobre e inocente vendedor se puede volver el recipiente donde arrojar veinte años de ira inexpresada. El dolor que no se ha expresado durante veinte años se acumula en el cuerpo y puede poner una nube de depresión sobre cualquier cosa que estemos haciendo ahora.

Desgraciadamente, algunos de nosotros creemos errónea-mente que conteniendo las lágrimas podemos evitar la pena, o que manteniendo la lengua «atada» podemos detener el enojo. Podemos detener la emoción, pero ésta se acumula en el cuer-po esperando una oportunidad más apropiada para manifes-tarse. Podemos elegir qué hacer con una emoción, pero no podemos elegir cómo no tenerla. Podemos decidir obtener más información acerca de la otra persona o tratar de conocerla mejor, o para comprobar si eso cambia nuestra forma de sen-tir. Pero si no es así, entonces será mejor reconocer la emoción y decidir cómo actuar respecto a ella.

Un problema del presente podría reactivar una respuesta antigua, reprimida. Descargar todo con otra persona no es la solución. Incluso aunque no tengas acumuladas emociones sin expresar, no es siempre conveniente decir todo lo que sientes. Si no quieres continuar sobrellevando la emoción, puedes deci-dir expresarla en alguna otra oportunidad.

La descarga del exceso de emociones puede ocurrir también en el transcurso de las actividades diarias. Mientras vamos al trabajo o regresamos a nuestro hogar, trabajamos en el jardín o hacemos las tareas domésticas, tenemos oportunidades espléndidas para digerir nuestras experiencias. ¡Hay mucho más de lo que parece en el acto de llevar al perro a pasear! Lo mismo ocurre durante la noche, cuando soñamos. La medita-ción también puede ser muy útil.

Algunas personas liberan su tensión hablando con los ami-gos, practicando deportes, corriendo, gritando en el automóvil, partiendo lápices, rompiendo las guías telefónicas viejas o haciendo ejercicios bioenergéticos específicos.

Para hacer estos ejercicios necesitarás un lugar tranquilo donde no te puedan oír. Puedes expresar tu enfado golpeando un colchón, arremetiendo contra almohadas o retorciendo una toalla. La tensión que causa la ira se deposita en los músculos de los hombros, los bíceps y los dedos. Estos ejercicios le dan oportunidad al cuerpo de relajar la tensión muscular. Si dese-as gritar, hazlo, pues gran parte de esta tensión se acumula en la garganta. Si comienzas con una emoción, podrían aflorar otras. Si sientes deseos de moverte o de llorar, hazlo. Por supuesto, si te sientes muy sobrepasado, detente. Descargar los sentimientos acumulados tendría que proporcionarte alivio. Sin embargo, si te sientes exhausto, tal vez no estés listo para dejarte llevar completamente. Los terapeutas que incluyen ejercicios corporales bioenergéticos en sus programas a veces pueden ayudar cuando los problemas parecen demasiado grandes. Los programas pueden incluir ejercicios, masajes,

¿Necesitas liberar los sentimientos acumulados?

presión controlada y masajes suaves para aliviar los músculos contraídos. Los homeópatas, quiroprácticos, los negocios que venden productos alimenticios naturales y ciertas librerías y revistas suelen tener información acerca de los terapeutas que utilizan estas técnicas. Solicita información para encontrar uno en la localidad donde vives.

ENFOCAR

Lo mejor que se puede hacer con una emoción compleja es sentirla, explorarla y llegar al fondo de ella.

Por enfocar entendemos el arte de concentrarse en un problema desde y a través del cuerpo hasta que éste se revele en la conciencia; significa también estar atento a las corrientes de energía y a la sensación corporal. Si prestas atención a lo que todavía no entiendes claramente puedes utilizar este método para los negocios, para los problemas personales y para aumentar la creatividad, pues te permite cambiar la forma de afrontar cualquier conflicto.

Para poder focalizar bien, es preciso que conozcas dos conceptos básicos. Eugene Gendlin, en su valioso libro *Focusing*, los denomina «la sensación sentida» y «el cambio corporal».

La sensación sentida

La misma sensación que te permite darte cuenta de que has tocado algo, de que estás acostado en la cama en una posición determinada, o de que has forzado un músculo de la espalda, puede también proporcionarte otra información. Gracias a esta conciencia *cinestésica* (sensación corporal), notarás en tu cuerpo ciertas sutiles reacciones musculares y corrientes de energía. Este es tu ordenador mente-cuerpo, que está registrando todo lo que pasa. Tómate ahora un minuto para sentir la energía en tu cuerpo. Deja el libro y agita vigorosamente las manos durante treinta segundos más o menos y después estíralas hacia adelante. Sentirás la energía circulando por los dedos, aunque las corrientes de energía que ocurren naturalmente son más sutiles.

Cuerpo-mente, tu ordenador milagroso

La mayoría de las personas han experimentado esa ansiedad que hace que el estómago se revuelva, el dolor en el pecho que causa una ofensa, la boca seca y la sensación de presión en el plexo que produce el miedo. Debemos estar en contacto con estas sensaciones cinestésicas para definir claramente nuestros sentimientos. Se ha dicho que la sensación corporal *es* la emoción.

Una sensación sentida puede ser tan clara y precisa como la sensación corporal que hemos descrito anteriormente, pero por lo general es más compleja y más amplia, porque incluye mayor información. Creemos que pensamos con la cabeza, pero en realidad percibimos muchas cosas a través del cuerpo y de la energía que circula por él y lo circunda. ¿Se puede demostrar esto? Prueba estos ejercicios, encontrarás que el contraste te ayudará a identificar cada sensación sentida.

1. Piensa por un momento en tu madre. No pienses en los detalles sobre sus ojos, o en la última vez que la viste, o en si está viva o muerta. Solamente ponte en contacto contigo mismo y la sensación general «mi madre».
Cuando experimentes esta sensación cambia y piensa «mi padre». Trata de adquirir información cinestésica acerca del contraste entre la sensación que tuviste de «mi madre» y «mi padre».
Si puedes darte cuenta de la diferencia entre las dos experiencias te darás cuenta también de qué es lo que debes buscar. La sensación «mi madre» fue la *sensación sentida* que sentiste acerca de tu madre. La sensación «mi padre» fue la *sensación sentida* que sentiste acerca de tu padre. Si no notaste una diferencia entre las dos sensaciones probablemente estabas tratando de *pensar*, usando la cabeza en vez del cuerpo. Haz otra comparación.

2. Cierra los ojos y piensa en alguien que te gusta especialmente. Imagínate conversando agradablemente con esta persona, luego imagina que otra persona que no te gusta mucho entra y se une a la conversación. La primera sensación sentida correspondía a una buena conversación con una persona determinada. ¿Cuando imaginaste que se unía la segunda persona sentiste que te «cerrabas», que te ponías tenso? La segunda sensación sentida correspondía a una buena conversación interrumpida por alguien que a ti no te gustaba. Estas dos experiencias están formadas por varias partes individuales de información. Sin embargo, tú «captas» todo esto en un instante, tal es la perfección de nuestro «ordenador consciente». La información llega de una vez, toda junta, sin las miles de expresiones verbales que llenarían tanto la conciencia que probablemente harían «saltar los fusibles».

3. Hayas tenido o no éxito en localizar la sensación sentida, prueba un nuevo contraste y concéntrate en lo que está pasando en tus músculos.

Imagina que estás jugando un partido de tenis y estás a punto de lanzar la pelota. Cuando esto esté claro, cambia e imagina que estás jugando al golf y que vas a punto de lanzar la pelota. Los miles de detalles de la información acerca de cómo preparar el cuerpo se procesan en un instante a través de la conciencia corporal.

4. Ahora concéntrate en alguna dificultad que tengas, ya sea pequeña o grande. Puede ser un jefe intolerable o una pieza de la maquinaria que te frustra. Cuando identifiques la sensación, enfoca tu atención en otro problema; por ejemplo, una dificultad con alguien que vive contigo o el qué vas a preparar para la cena.

Este es un ejercicio mucho mas difícil que los anteriores y puede ser que la sensación sentida no sea tan clara. Cuanto más te afecta el problema o el conflicto, *más fácil* es identificar la sensación.Te afecta precisamente porque estás en contacto con la sensación.

Para entender el proceso de enfocar debemos explicar además otro concepto.

Cambio corporal

Al desenredar un problema se libera energía

El cambio corporal es la liberación de energía que ocurre en el cuerpo cuando se recuerda o nombra acertadamente por primera vez algo que cuesta recordar.

Tú has experimentado esta liberación de energía muchas veces en tu vida, pero como ocurre con la sensación sentida, probablemente nunca has hablado de ello o le has dado un nombre.

¿Alguna vez has tenido que esperar para poder intervenir en una conversación y cuando te ha llegado el turno se te ha olvidado lo que querías decir? Cuando recuerdas lo que querías decir sientes un alivio considerable. Ese alivio es el *cambio corporal*.

¿Recuerdas cómo te sientes cuando te vas de tu casa y olvidas algo que querías llevar? Sabes que te has olvidado de algo, pero no sabes de qué. Te exprimes el cerebro. ¿Era algo para el trabajo? ¿Algo que necesitabas para el almuerzo? Tal vez, si te distraes un momento, el pensamiento simplemente aparezca. Puede ser algo como «Iba a llevar las fotos de mis últimas vacaciones para mostrárselas a Alberto», u «Olvidé cerrar la puerta de atrás». Cuando lo recuerdas puede ser demasiado tarde, pero es un alivio saber de que se trataba. Si estás sentado tal vez te muevas en el asiento, en respuesta a la liberación de energía.

Un alivio similar y una liberación de energía semejante ocurren cada vez que te conectas con la sensación de algo que te está preocupando y surgen las palabras que describen exactamente cuál es el problema. La descripción correcta hace que se deshaga un nudo interior y que uno se tranquilice. Tu descripción puede ser: «Lo más importante es que siento que no me respeta».

Este desanudamiento no ocurre cuando se piensa en el problema en la vieja forma habitual. Esta incluye expresiones como: «¿No son horribles?», o «Soy terrible». Los cambios corporales, los cuales son cambios reales, provienen de un enfoque a través del cuerpo, no de la mente. Proporcionan una nueva visión o comprensión. Ahora que hemos identificado una sensación sentida y un cambio corporal, consideraremos el proceso del enfoque en sí: la concentración en un problema o conflicto. Esto requiere primeramente la preparación de un espacio.

Así te concentres solo o con otra persona, es mejor que lo hagas tranquilo y cómodo, sentado en algún lugar donde no te interrumpan. De todas formas, las personas que ya tienen experiencia hacen esto en cualquier lugar (caminando por la calle, en el transporte público o en la ducha).

El proceso de enfocar

La tarea consiste en concentrarse en la sensación y hacerse por lo menos una de estas preguntas: ¿Qué es lo principal? ¿Cuál es la clave de esto? ¿Qué es lo más importante? o ¿Qué es lo que pasa realmente? y entonces, *sin* contestarte, *detente, escucha y espera*.

Utiliza el enfoque para llegar al fondo del problema

Después de algunos minutos te vendrán a la mente algunas palabras que describen la esencia del problema. Ahora realmente estás en contacto con la parte de ti mismo que percibe todo el problema pero que no lo ha hecho consciente. A medida que las descripciones aparecen correctamente es como desenredar hilos de pescar enmarañados. Cuando la próxima pieza recibe la descripción correcta, se puede continuar desenredando la madeja, la cual disminuye a medida que se desenreda cada nudo.

Si el problema es complejo o te resulta difícil pensar en él es probable que te cueste mucho enfocarlo. No luches contra esas barreras; utilízalas. Si te sientes vacío o abrumado, concéntrate en tales sensaciones causadas por esta dificultad. El resultado puede ser que te sientas «triste» o que este esfuerzo te parezca «demasiado». Cualquiera que sea la respuesta, trata de experimentar la sensación nuevamente para confirmarla.

Tal vez no puedas resolver todo el problema en una sesión. Sin embargo, puedes proponerte volver a considerar el problema en el futuro: algunos problemas pueden ser tan complejos que descifrarlos completamente podría llevarte meses o años. No necesitas encontrar hoy todas las respuestas; vive con el interrogante.

Mantente atento a cualquier discernimiento o información que te venga a la mente. La solución de ciertos problemas requiere mayor fortaleza interior de la que poseemos. Tal vez se requiera terminar una relación, arriesgar un cambio de empleo o fijar límites firmes y no estemos todavía preparados para hacerlo. Debemos respetar nuestro propio proceso de desarrollo y no ser demasiado exigentes con nosotros mismos.

Asimismo, necesitamos respetar el proceso de desarrollo de otras personas. ¿Alguna vez te has sentido irritado porque alguien está despilfarrando una cantidad excesiva de energía en lo que parece un asunto de poca importancia? Tal vez esta persona tenga que decidir si debería o no ver a un ex-novio o ex-novia, cómo pedirle al jefe un día libre o cómo comportarse en una fiesta. Somos más tolerantes con un niño que necesita darse cuenta de algo, pero no lo somos tanto con un adulto que necesita tanto tiempo para decidir lo que para nosotros no sería un problema. Si sabes cómo concentrarte solo, podrías mostrarle a alguien más este modo de explorar un asunto, o por lo menos tendrás más paciencia con ellos. Todos lidiamos con nuestras propias líneas enredadas de información inconsciente e inclasificada. Lo que es importante es el proceso de desenredar, describir y hacer consciente, y eso es lo que reconocemos cuando prestamos atención pacientemente al problema de otra persona.

Ampliación

Cuando se usa un telescopio, un microscopio o un «zoom» se aumenta una imagen, haciendo más claro y grande un objeto, ya sea una galaxia, un átomo o un paisaje.

Una vez que te has concentrado y que has logrado encontrar las palabras para describir la esencia del problema, haz una ampliación. Luego pregúntate: «Ahora, ¿qué es lo fundamental de ello?». Este proceso no siempre *resolverá* el problema, pues su propósito inmediato es la *identificación* del mismo.

Pasos hacia el enfoque

Si tienes problemas con alguien que te llama por teléfono con demasiada frecuencia, puedes hacer lo siguiente:

Paso 1. Relájate.

Paso 2. Siente el problema: necesitas una sensación global de «el problema de las llamadas tan frecuentes».

Paso 3. Profundiza: pregúntate cuál es el problema principal. La respuesta puede ser: «Me imponen exigencias cuando estoy ocupado con otros asuntos».

Paso 4. Compara la respuesta con la sensación. Si las palabras y la sensación no coinciden, te sentirás incómodo, y deberás repetir el paso 3. Aunque las exigencias de los demás sean parte del problema, puede ser que no sean la esencia. La repetición del paso 3 puede producir: «Quiero su amistad pero tengo la atención en otra parte y cuando hablo parezco distraído y no quiero que se ofendan». Si esta definición es correcta, tal vez venga acompañada de una pequeña descarga de energía.

Paso 5. Cuando hayas completado los pasos 3 y 4 y hayas comprobado que la definición y la sensación coinciden, experimentarás un cambio corporal. Puede ser solamente un suspiro, la relajación de un músculo facial contraído, o el cambio de posición en la silla; quizás sientas calor, o se te ponga la piel de gallina en todo el cuerpo (la energía atrapada en la tensión se está descargando). Estimula el cambio: si deseas suspirar, hazlo o cambia de posición. Tómate un minuto para volver a la normalidad y luego prueba otra vez: aumenta la ampliación. Si tu problema fundamental es que no quieres ofender a tu amigo adicto a las llamadas telefónicas, céntrate en esto: «¿Por qué no le quieres ofender?». Empieza otra vez, prestando atención a la sensación, esperando que surja una definición, comparando la definición con la sensación y continuando la búsqueda hasta que encuentres que la definición es acertada.

¿Cómo ayuda el enfoque?

Ponemos en práctica el enfoque cada vez que intentamos solucionar un problema o una dificultad profundizando dentro de nosotros mismos a fin de descubrir qué está pasando. Tal vez el discernimiento llegue mientras estemos duchándonos o al volante, por la noche o en las primeras horas de la mañana: en momentos en que nuestra consciencia está en reposo. A medida que exploramos el problema, la empatía con la otra persona crece por sí sola. El problema deja de ser «su culpa» y se convierte en nuestro propio proceso de desarrollo. Nuestra comprensión se hace más rápida al tomarnos un tiempo para ponernos en contacto con la sensación. Enfocar es una gran ayuda cada vez que las emociones se vuelven muy intensas o cuando estamos confundidos o inseguros de nuestros sentimientos.

LA COMUNICACIÓN DE LOS SENTIMIENTOS

La forma más obvia de descargar las emociones es expresárselas directamente a las personas implicadas. Tal vez necesitemos descargar en parte el exceso de emociones antes de comenzar; quizás necesitemos también utilizar el enfoque para determinar qué es realmente lo que está pasando. Mucho de lo que sentimos puede expresarse fructíferamente en la conversación. Sin embargo, depende de cómo se haga, y con qué propósito.

El enfado, la hostilidad, el resentimiento y la frustración pueden fácilmente convertirse en fuerzas destructivas. Sin embargo, estas emociones consideradas negativas pueden transformarse en la chispa capaz de lograr cambios positivos si su «fuego» se utiliza con sabiduría. Por ejemplo, tu disgusto a causa de una mala comunicación se puede encauzar hacia el establecimiento de un sistema mejor de intercambio de mensajes. Las siguientes preguntas y metas podrían ser útiles:

¿Por qué siento esto? ¿Qué causó tu reacción? ¿Qué te hicieron? ¿Hablaron de un tema delicado?

Utiliza el enfado como incentivo para lograr un cambio

¿Qué quieres cambiar? Tus emociones te indican lo que quieres y lo que no quieres, por lo tanto utilízalas para generar cambios. ¿Qué cambios quieres? Desgraciadamente, las emociones se utilizan a menudo para probar que la otra persona ha actuado mal y para guardar rencores.

¿Por qué necesito librarme de este sentimiento? Cuando una persona comienza a experimentar una emoción a menudo le resulta difícil superarla. Si fulanito te ha molestado, puedes seguir enojado, y si alguien ha herido tus sentimientos, puedes permanecer herido. Las emociones tendrían que cumplir su tarea y pasar. No es saludable guardar resentimientos. ¿Qué necesitas para superar tus emociones? ¿Necesitas explicarte? ¿Necesitas que te pidan disculpas? ¿Necesitas que alguien haga un esfuerzo en particular?

¿De quién es el problema, realmente? ¿Cuánto me pertenece? ¿Cuánto no me pertenece? Te puedes enfadar porque el dormitorio de tu hijo adolescente no está ordenado. Si tienes que encontrar algo allí, entonces es tu problema, pero como el dormitorio es de él, el problema es sobre todo suyo. Si tu esposo/a pasa la tarde hablando por teléfono con amigos, es su problema si tú no puedes disfrutar de su compañía. Si no hace las tareas que se había propuesto el problema es de él. Y si alguien no hace algo de la forma que a ti te gusta, ¿de quién es el problema? Te vas a comunicar mejor si eres asertivo acerca de su problema, pero no va más allá de ofrecer sugerencias ocasionales acerca de los problemas de los demás. Si no se ha definido claramente de quién es el problema, probablemente una de las personas esté interfiriendo excesivamente. Un problema conyugal muy común parte del hecho de que uno de los cónyuges asume más responsabilidad de lo que le corresponde respecto a la forma en que el otro organiza su vida. Esta falta de claridad a menudo da lugar a que ambos se hagan reproches continuos.

¿Cuál es el mensaje inexpresado que se puede deducir de la situación? ¿Es «no les gusto», o «no me respetan»? Las conclusiones que sacamos acerca de la conducta de los demás son a menudo los activadores de nuestras reacciones emocionales excesivas. Si alguien es brusco contigo, puedes pensar que no te consideran digno de atención. Si alguien sale dando un portazo, puedes suponer que ya no te aman. Al darte cuenta de la forma en que interpretas el mensaje no verbal tienes la oportunidad de considerar tu respuesta y de decidir cuán realista eres.

Hay cinco metas que vale la pena tener presentes cada vez que uno decide expresar lo que le pasa:

1. *Proponte evitar el deseo de castigar o de culpar.* Asume la responsabilidad de cómo te sientes. Si estás planeando actuar,

asegúrate de que no sea un acto de venganza. ¿Culpas a alguien por tus sentimientos? La gente hace lo que hace, nosotros respondemos como respondemos. Existe una diferencia sutil pero importante entre «Me pones furioso» y «Cuando haces eso me enfurezco».

2. *Proponte mejorar la situación.* Las emociones intensas indican dónde se necesitan los cambios. Asegúrate de que la situación mejorará.

3. *Proponte expresar tus sentimientos de una forma adecuada.* Si algo te ha herido o molestado, tienes derecho a decirlo. Callarlos pone en peligro la relación, pero ten cuidado al expresarlos: hazlo de la misma manera que a ti no te pondría a la defensiva si te lo dijeran. Una frase bien elegida es inapreciable para expresar ira o dolor (véase el capítulo 4, *Asertividad adecuada*).

4. *Proponte mejorar la relación y aumentar la comunicación.* La gente realmente no te conoce hasta que no conoce tus sentimientos. Cuando hablas de tus buenos y malos sentimientos estás ofreciéndole algo precioso a la otra persona: la oportunidad de conocerte. Cuando alguien te habla de los sentimientos te ofrece el mismo regalo, así que trátales con respeto.

5. *Proponte evitar la repetición de la misma situación.* Si alguien no te llama cuando dice que lo hará, puedes sentirte preocupado u ofendido. Manejar las emociones incluye también asegurarte de que la situación no se volverá a repetir. Explica tu situación y di lo que encuentras difícil; pide que te traten de cierta manera; soluciona el problema. De esta forma te proteges a ti mismo, y al mismo tiempo conservas la relación.

Hacer frente a las emociones complejas de los demás

Respeta la comunicación de sentimientos. Cuando la otra persona está muy emocionada es importante respetar la expresión de sus sentimientos. Por lo general es muy difícil para las personas hablar de cómo se sienten; es fácil intentar cerrar el grifo tratando de aplacar las emociones o no reconociéndolas. Juan se preguntaba porqué su hija nunca hablaba con él de sus relaciones amorosas hasta que se dio cuenta de con cuánta frecuencia la interrumpía, diciéndole lo que debía hacer o lo que estaba haciendo mal cada vez que ella empezaba a hablar.

Sé tolerante cuando alguien descarga emociones. Conceder a los demás la libertad de descargar sus emociones acumuladas sin ofenderte ni dejarte influir por ellas es un signo de madurez. Cuando alguien esté muy emocionado, utiliza la escucha activa (véase el capítulo 2, *Empatía*).

Recompensa el comportamiento que deseas. ¿Te has incomodado alguna vez por alguien que buscaba atención? Puede ser que estuvieran jactándose, luciéndose, pidiendo algo con insistencia o hablando demasiado. Es fácil reaccionar negativamente. Recuerda que tanto advertir o castigar, como también elogiar o simplemente notar un comportamiento, recompensa al que busca atención. Según la teoría conductista, todo lo que se recompensa continúa repitiéndose. Por lo tanto, recompensa el comportamiento que deseas. Apoya la participación y la contribución e ignora, siempre que sea posible, las demandas de atención.

Recompensa el comportamiento que deseas

Deslígate de las luchas de poder. La gente a menudo usa el poder para aumentar su propia autoestima. Además, si los conocimientos que poseen no concuerdan con el puesto que ocupan, o si te desafían con confrontaciones como «No me puedes obligar», esto te puede poner frenético. Deslígate de esta clase de luchas por el poder tan pronto como las reconozcas. Tanto luchar como ceder recompensan la conducta negativa. Haz resaltar el valor intrínseco de la otra persona, destacando las cualidades que posee que no se basan en el poder.

No te vengues. Una de las emociones más difíciles de manejar es el deseo de vengarse, especialmente cuando tú eres el blanco. A veces esto es el resultado de heridas muy profundas, pero puede suavizarlas si practicas los principios de justicia y rectitud con los demás. Trata de evitar sentirte herido y de vengarte. Necesitas crear confianza. Considera la mejor forma de conseguir de la otra persona el respeto hacia tus necesidades.

Evita las quejas y las críticas. ¿Te has exasperado alguna vez con alguien que se comportaba como si estuviera indefenso sin ninguna razón? El niño que se hace el tonto para no ayudar con la cena; el compañero que simula ser estúpido para que no le den trabajo extra; la mujer que actúa como si fuera tonta porque cree que es femenino y atractivo actuar así; la persona deprimida que afirma que no sirve para nada y que nadie podría quererla o emplearla.

Todos necesitamos cuestionar de vez en cuando nuestra propia capacidad, esto es saludable. Pero aquí estamos hablando de la duda causada por un desaliento profundo así también como las expresiones de duda sobre uno mismo cuyo efecto es manipular a los demás. Las críticas y las quejas muy raramente ayudan a alguien. Tú puedes ayudar apoyando los esfuerzos positivos que hacen, no importa cuán pequeños sean. Céntrate en lo que está funcionando bien; no te sumerjas en la conmiseración ni opines que nada puede cambiar. No te des por vencido, aunque la otra persona experimente un proceso muy lento de mejoría, hecho paso a paso.

Presentamos a continuación algunas tácticas útiles para apoyar tus necesidades implícitas de autoestima, así como de la sensación de ser aceptado, de valoración y de identidad.

Apoya las necesidades básicas de autoestima, valoración, sentido de identidad y sensación de ser aceptado

• *Autoestima*. Elogia a menudo todo lo que es elogiable.

• *Sentimientos de valoración*. Haz notar alguna de las cualidades especiales que posees. Incluye y repite las opciones que tienen.

• *Sentido de identidad*. Apoya las demostraciones de individualidad que no causan daño a los demás. Ayúdales a definir el territorio personal, como por ejemplo el propio dormitorio, o el escritorio. Habla sobre temas que les podrían interesar específicamente.

• *Sensación de ser aceptado*. Valora abiertamente su contribución y su importancia en el grupo, la familia o el equipo. Exprésales, si es posible, tu amor y respeto.

RESUMEN

1. No seas indulgente ni niegues que existe un problema. Crea relaciones más ricas.
2. Las emociones son manifestaciones de energía del cuerpo y de la mente.
3. ¿Necesitas liberar los sentimientos acumulados?
4. Trata de enfocar a la raíz del problema.
5. El disgusto puede ser una chispa para un cambio positivo si utilizas su fuego sabiamente.
6. Utiliza la escucha activa y apoya la necesidad de autoestima, de sentirte valioso, de afirmar la identidad y de ser aceptado para hacer frente a las emociones complejas de los demás.

Cinco preguntas que te puedes hacer cuando estás enfadado/herido/asustado

1. ¿Por qué me siento enfadado/herido/asustado?
....
....

2. ¿Qué quiero cambiar?
....
....

3. ¿Qué necesito para librarme de este sentimiento?
....
....

4. ¿De quién es el problema realmente? ¿Cuánto es mío? ¿Cuánto es de ellos?
....
....

5. ¿Cuál es el mensaje que deduzco de la situación? (Por ejemplo, «No les gusto», «No me respetan».)
....
....

Cinco metas a las cuales aspirar para comunicar las emociones

1. Aspiro a evitar el deseo de castigar o de culpar.
   ¿Acción? ....
   ....

2. Aspiro a mejorar la situación.
   ¿Acción? ....
   ....

3. Aspiro a comunicar mis sentimientos correctamente
   ¿Acción? ....
   ....

4. Aspiro a mejorar la relación y aumentar la comunicación.
   ¿Acción? ....
   ....

5. Aspiro a evitar repetir la misma situación.
   ¿Acción? ....
   ....

Si la comunicación no es adecuada, ¿qué otra medida puedo tomar?
....
....

CAPÍTULO SIETE

El deseo de resolver

El deseo de resolver es un factor clave en la resolución de conflictos. Verdaderamente, a veces es todo lo que se necesita: querer es poder. Tener la voluntad de resolver y ayudar a otros para que la tengan es a veces un desafío considerable. ¿Recuerdas alguna ocasión cuando te sentías tan herido, enfadado o resentido que no tenías deseos de arreglar el problema? ¿Recuerdas alguna situación pasada? Si es así, ¿cuáles eran las circunstancias?

¿Qué es lo que impide que las personas tengan el deseo de resolver? ¿Son algunas de estas razones similares a tu situación?:

La injusticia
El amor propio/el orgullo
La necesidad de que te pidan disculpas
El deseo de vengarse
El dolor
El enfado
El resentimiento
«Yo tengo razón, tú estás equivocado.»

Ganancias secundarias derivadas del conflicto

¿Te proporciona alguna ventaja o beneficio dejar pendiente un problema? Puede ser muy difícil para ambas partes enfrentarse al problema. El enfado que sientes hacia otra persona con quien estás profundamente en desacuerdo a causa de tus valores puede proporcionarte un poco de satisfacción. A veces definimos nuestros valores por la gente y los asuntos a los cuales nos oponemos. Cuando te han herido profundamente también te puedes sentir enojado. El dolor y el disgusto son muchas veces dos caras de una misma moneda. Pero el hecho de que el enfado no se exprese no quiere decir que no

¿Qué recompensas recibes si no resuelves el problema?

exista: a veces se demuestra con el desprecio o el resentimiento. Ambas son formas de disgusto «congelado», y en estas condiciones se pueden mantener durante años. Hay personas que han rehusado hablarse durante veinte años porque cada una está paralizada por el resentimiento. Muchas personas saben cómo guardar rencores y resentimientos pero no saben cómo eliminarlos. Cuando uno se siente profundamente herido es casi siempre porque alguien ha logrado disminuir su autoestima. Tal vez necesites defenderte del ataque utilizando la autojustificación y la indignación pero tal vez elijas reafirmar la fe en ti mismo y considerarlas personas equivocadas en lugar de perversas.

Cuando no perdonamos a alguien no necesitamos tomar en cuenta a la persona en su totalidad; en lugar de ello nos inclinamos a simplificar clasificando a la gente en «buenos» o «malos». Si consideramos a la otra persona tal como es tal vez tengamos también que enfrentarnos a nuestros propios aspectos negativos.

En ocasiones es difícil admitir que nosotros también somos parte en el conflicto y que hemos echado leña al fuego. No importa cuán acertados nos creamos, o cuán terribles parezcan los demás, nosotros somos también parte de la escena. Para tener el deseo de resolver debemos cambiar interiormente.

Tal vez sea necesario reconsiderar las prioridades. ¿Cuán importante es estar en lo cierto, comparándolo con la importancia de resolver el problema?

¿Qué prefieres: llevar la razón o ser feliz?

Por supuesto, estar dispuesto a *resolver* el problema no significa que no lleves razón; significa que renuncias al hecho de creer que la otra persona está equivocada, borrando la pizarra y trazando un nuevo comienzo para ambos; significa que reconoces que se logra más felicidad teniendo una buena relación que demostrando que se tiene la razón. Puedes elegir entre cesar de buscar evidencias y que otras personas te den la razón, y decir simplemente cómo te sientes. Utiliza las autoafirmaciones. Puedes comenzar por distinguir entre lo que es la autojustificación y lo que es la integridad.

La decisión de resolver un problema puede requerir un cambio interno. A veces nos aferramos a un rencor para obtener una ganancia secundaria: la recompensa. El deseo de resolver a veces comienza con un momento de reflexión en el cual uno se da cuenta de cuáles son las recompensas por no resolver el problema, y al considerar la tentación de dejarlo como está.

LA EXPERIENCIA DE EVA

Cuando mi novio llegó dos horas más tarde a nuestra cita el sábado pasado, sin ninguna excusa, yo estaba furiosa. No había llamado, y aparentemente pensaba que estaba muy bien tratarme de esa forma. Cuando llegó yo estaba lívida y le grité que se fuera. Se fue rápidamente, y creo que se quedó sorprendido ante mi reacción. No hablé con él durante una semana y, cuando lo hice, todavía estaba enfadada. Ahora me doy cuenta de cuán dispuesta estaba a no resolver el problema. Mientras trabajaba en el jardín, empecé a pensar en la recompensa, preguntándome: «¿Cuál es el beneficio para mí si no lo perdono? No tengo deseos de arreglarlo». La respuesta llegó repentinamente: había estado deseando terminar la relación durante meses, y no sabía cómo. Aplazaba la decisión porque me sentía culpable. Ahora que él había cometido un error, no tenía que afrontar el proceso de la ruptura ni sentirme culpable. Cuando me di cuenta de esto, sentí que si lo dejaba así iba a ser muy deshonesta. Por respeto a él y a mí misma debo terminar la relación de una forma más considerada y responsable.

En realidad, las dos partes deben de tener el deseo de resolver, pero nosotros no podemos influir directamente en los demás. Podemos considerar nuestra propia falta de voluntad en resolver el problema sin depender de la voluntad de la otra persona. Mientras digamos: «No puedo olvidarlo hasta que

Para que las cosas cambien debo cambiar yo primero

ellos lo olviden», no estamos deseando resolver nada. Las dos personas están «pilladas» mutuamente en el resentimiento por medio de las emociones y la energía. Si liberamos nuestras emociones, la otra persona se sentirá mucho más libre de moverse que antes. Para que las cosas cambien, primeramente tengo que cambiar yo.

Perdonarte a ti mismo te libera

No es necesario que lo hagas estando la otra persona presente, ya que el perdón depende solamente de uno mismo. Esté o no la otra persona presente físicamente estamos aún conectados, nadando en la misma «mezcla psíquica» donde los pensamientos y los sentimientos de cada individuo contribuyen al sabor. Cambia un ingrediente y también cambiará el sabor. Tus cambios liberan a otros para que cambien, pero lo que es más importante, el perdón te libera a ti mismo primeramente.

LA ANÉCDOTA DE RICARDO

Emigré a Australia sobre todo para escapar de una relación insoportable con mi madre: durante años habíamos tenido escenas violentas en las cuales nos expresábamos resentimientos amargos. Llevábamos sin hablarnos doce meses. Mi hermano mayor era muchísimo más inteligente que yo; sentía que mi madre me comparaba siempre con él y que yo, el segundo hijo, era inferior. Un día, en un seminario de desarrollo personal. expresé el resentimiento que sentía

hacia mi madre; fue un alivio para mí. Esa noche llegué tarde a mi casa y, minutos más tarde, mi madre me llamó desde Inglaterra. Había estado tratando de encontrarme: estaba preparada para hablar, y mi discernimiento me ayudó a aceptar el amor que estaba tratando de ofrecerme. ¿Por qué llamó en ese momento? Tal vez lo había hecho respondiendo al cambio que yo había experimentado. Esto me hizo comprender cuánto pueden cambiar las cosas cuando yo cambio.

¿Qué se requiere para tener el deseo de resolver?

A veces es muy difícil perdonar a alguien que nos ha ofendido profundamente, aunque hay algunas personas que optan por hacerlo más lentamente, por etapas. Por ejemplo, pueden reconocer que están abiertas a la idea del perdón, pero que todavía no están listas para dar ese paso; esto es suficiente para comenzar el proceso de solucionar el problema. Considera lo que estás dispuesto a hacer, no importa cuán pequeña sea la acción, para iniciar o lograr el cambio.

¿Te has dado cuenta de cómo te molesta cierta persona o una característica en particular de esa persona? ¿Has notado que eso mismo no le molesta a los demás? ¿Has observado a alguien que se ha sentido irritado por algo que a ti no te molestaba y te has preguntado porqué le daba tanta importancia? Esto sucede porque la visión que tenemos de las cosas o de las personas muy pocas veces es imparcial. Miramos a través de «gafas con cristales coloreados» y algunos de los colores equivalen a «debería» o «no debería», correcto o equivocado, simpatía o antipatía, experiencias pasadas o educación. Considera a través de qué lentes estás mirando.

¿A través de qué «color del cristal» estás mirando?

A veces continuamos hablando una y otra vez del asunto porque nuestras percepciones y reacciones se filtran a través del dolor profundo o el disgusto. Es más fácil notar esto en los demás cuando reaccionan en formas más extremas de lo que la situación requiere. Cuando estás fuera de ti, todo te parece perfectamente justificado.

Puedes encontrarte en la oficina con personas que hablan mucho de sí mismas; y habrá compañeros, no influenciados por prejuicios inconscientes, que simplemente pensarán de ellas: «Allí está *fulanita* jactándose de nuevo. Me pregunto porqué necesita hacerlo». Así, desaprueban y pueden expresar su desacuerdo, pero no se involucran emocionalmente. Sin embargo, alguien que ha crecido, por ejemplo, a la sombra de una hermano más desenvuelto y atractivo puede encontrar que la situación despierta unos celos aún sin resolver. Su reacción ante ese *fantasmón* será: «No soporto la forma cómo se comporta *fulanito*»; la situación le inflamará en lugar de informarle. Esto se convierte en una guía útil.

Cuando una situación te *informa*, lo único que tienes que hacer es encarar la dificultad tal como es, pero cuando te *inflama* es que hay más de lo que parece. Si te *enciendes* tendrás que trabajar contigo mismo antes de cambiar cualquier cosa; deberás sacar «tus gafas coloreadas» y examinarlas. Cuando alguien te hace enojar, este enfado te revela tanto sobre ti

LA ANÉCDOTA DE ROSANA

La infidelidad de mi esposo me había herido tanto que realmente no estaba dispuesta a perdonarle. El resentimiento ante su traición a nuestro matrimonio crecía y supuraba dentro de mí. Después de un tiempo mis sentimientos cambiaron un poquito y me di cuenta de que «quería» tener deseos de perdonarlo. Este fue el primer paso. Fue suficiente darme cuenta para lograr el cambio.

mismo como sobre los demás. El interrogante es: ¿por qué respondo de esa forma? Cuanto más te irrita una persona, más te debes dar cuenta de que tienes algo que aprender de ella. Especialmente tendrás que analizar si tu deseo de responder se ve interferido por una proyección inconsciente.

PROYECCIÓN

La proyección ocurre cuando nuestros pensamientos y sentimientos inconscientes parecen estar en la mente y la conducta de otros, no dentro de nosotros mismos; es decir, algún aspecto nuestro queda fuera de nuestra conciencia y, sin embargo, lo vemos reflejado en los demás. La proyección tiene una gran influencia en nuestras vidas.

Algunos psicólogos consideran útil trabajar con el concepto de que nuestra personalidad es un conjunto completo de características con aspectos positivos y negativos, buenos y malos: el espectro completo del potencial humano. La educación que hemos tenido nos permite ser conscientes solamente de un aspecto de lo que somos. El psicólogo Carl Jung usaba la palabra *persona* para describir estos aspectos conscientes de la personalidad. Sean aspectos buenos o malos, lo principal de «la persona» es que los *conoce*, incluyendo aspectos de nosotros mismos que aceptamos como verdaderos. La persona es la imagen que tenemos de nosotros mismos.

Jung utilizaba el término *sombra* para describir el lado inconsciente de nosotros mismos: nuestros deseos, anhelos, sentimientos, intenciones y creencias inconscientes. Es el potencial que no se ha revelado: aspectos de nosotros mismos que todavía no estamos preparados para conocer; reacciones emocionales demasiado dolorosas para experimentarlas plenamente. Incluye también lo opuesto de todos nuestros gustos y aversiones, así como habilidades y talentos que no estamos preparados a aceptar o expresar.

¿Es mi sombra la que habla?

Muy pocos de nosotros aceptamos los aspectos «malos» de nuestra personalidad o tenemos suficiente autoestima como para reconocer todos los buenos. Sean éstos positivos o negativos, cuando no se aceptan se transforman en la sombra de nuestra personalidad. Por ejemplo, si la ira, odio, celos o deseos destructivos permanecen inexpresados y sin resolver, nos pueden seguir dondequiera que vayamos exactamente como nuestra sombra.

El enfado indirecto se puede expresar así: accidentalmente volcamos una taza de té sobre la persona con la cual estamos

enfadados; o inadvertidamente comentamos que detestamos el color rojo un día que lleva un vestido de este color. Los demás se dan cuenta mucho mejor que nosotros mismos de nuestros sentimientos reprimidos. Con frecuencia tenemos una imagen de nosotros mismos muy equivocada. Pensamos que estamos siendo amables cuando inconscientemente podemos ser muy crueles. Existe un bribón en todos nosotros, pero es mucho menos peligroso si lo admitimos junto a las otras cualidades humanas que poseemos.

Obsérvate a ti mismo cuando tú te inflamas en vez de informarte: probablemente estás atrapado en una proyección de tu sombra. Considera el «gancho», el síntoma y la proyección.

El gancho: es aquella conducta de la otra persona que te está haciendo sentir incómodo, aunque es por sí misma un hecho neutral. Tu proyección queda atrapada en este «gancho».

El síntoma: emociones intensas (por lo general variaciones de enfado y dolor).

La proyección: ¿Qué parte de ti mismo (tu sombra) está causando esta reacción tan intensa? Vale la pena considerar las siguientes áreas:

1. Necesidades reprimidas. Tú no reconoces una necesidad que quieres satisfacer y después culpas a la otra persona sin razón cuando ésta te impide que eso se produzca. Por ejemplo, te enfadas cuando no te brindan la ayuda que te prometieron: ¿tal vez tu necesidad de apoyo es mayor de lo que a ti te parece?

Tal vez te enciendes al ver el reconocimiento que otra persona recibe por su trabajo: ¿estás subestimando tu propia necesidad de reconocimiento? Quizás te ofendes profundamente cuando una amiga no lleva a cabo contigo una actividad que habíais planeado hacer juntas: ¿estás negando tu propia necesidad de tener compañía? Cuando no nos damos cuenta de las necesidades que determinan nuestra conducta nos enfadamos irracionalmente cuando éstas no se reconocen.

2. Historia personal sin resolver. Un acontecimiento del pasado que quedó sin resolver puede activar la tensión o el disgusto. Los siguientes son algunos ejemplos:

(a) Tienes que tratar con alguien que está maltratando a un niño, pero te enfadas tanto y te pones tan punitivo que se te escapan algunos detalles. Cualquier persona demandaría justicia y protección para el niño, pero ¿por qué el hecho te angustia tanto? ¿Despierta esta situación recuerdos de maltrato o violencia en tu propia niñez?

(b) Tu jefe critica el trabajo de todos. Esto no le gusta a nadie, pero tú te sientes particularmente ansioso y deprimido. ¿Has respondido de esta forma a la crítica en el pasado? ¿Te recuerda tu jefe a un maestro que te criticaba en el pasado?

(c) ¿Has visto de cerca la pobreza o gente muriendo en la guerra y ahora odias violentamente a ese gobierno en particular?

(d) Rompes una relación íntima y tu angustia y depresión parecen no tener fin. ¿Estás experimentando más angustia de la que correspondería a la situación? Habría que considerar si en el pasado viviste una situación de abandono de uno de tus padres a causa de un divorcio o de un deceso. Si no trabajaste con esos sentimientos entonces es probable que continúen aflorando.

A veces parece como si la vida nos diese la oportunidad de completar el pasado mientras vivimos el presente.

3. Cualidades o características inaceptables. La cualidad reprimida puede parecer negativa o fuera del alcance de la persona. En una fábula de Esopo, el zorro, que no podía alcanzar las uvas, renunció a ellas asqueado diciendo que de todas formas las uvas eran agrias. El zorro estaba proyectando en las uvas su desilusión ante el fracaso. Algunos ejemplos:

(a) Te enfadas irracionalmente con personas que parecen estar enamoradas de sí mismas. ¿Es porque de alguna manera tú no reconoces tu propia belleza?

(b) Criticas a alguien que se comporta sensualmente. ¿Estás celoso? ¿En qué se basan tus celos? ¿Tratas de ocultar tu propia sensualidad?

(c) Te sientes alterado por alguien que se enfada violentamente. Tú mismo nunca te permitirías estas explosiones de ira. Sería importante preguntarte cómo niegas o reprimes el enojo.

(d) Alguien te habla irrespetuosamente. Piensas que su respuesta es justa y adecuada, pero otros afirman que has exagerado. Es hora de examinarse interiormente. ¿Estás ignorando tu falta de respeto hacia la otra persona? Tal vez ella se de cuenta de esto mucho mejor que tú y ha sido precisamente esto lo que causó la falta de respeto en primer lugar. Algunos niños reaccionan agresivamente ante la falta de respeto de los adultos y comienza así un círculo vicioso de proyecciones niño-adulto.

El fanatismo se aventa al reprimir lo negativo. Los fanáticos no toleran los puntos de vista opuestos porque no se permiten tener ninguna duda razonable y sincera.

Muchas situaciones incómodas pueden ser una buena oportunidad para girar la luz de la percepción hacia tu propia som-

Reconoce las proyecciones:
1. Necesidades reprimidas
2. Historia personal sin resolver
3. Cualidades inaceptables

bra. Cuando el enfado es el obstáculo principal, puedes cambiar la situación simplemente con darte cuenta de cuál es el elemento de proyección que está interfiriendo con la voluntad de resolución. Haz el siguiente ejercicio de descubrimiento personal:

Elige tres personas con las cuales tengas algún problema.	Concéntrate en uno de los aspectos que te irritan o disgustan.	Concéntrate en tu reacción: ¿cómo te sientes acerca de esta irritación? Escribe varias palabras hasta que encuentres las apropiadas.	¿Por qué te sientes así? Da razones que te afecten a ti, no a la otra persona. Concéntrate en las necesidades reprimidas, la historia personal sin resolver y las cualidades inaceptables.
Alguien con quien trabajas			
Una persona que vive contigo, o un amigo íntimo			
Uno de tus padres o hijos			

Circunstancias: ¿creación nuestra u obra del destino?

Hemos visto cómo nuestros estados inconscientes influyen sobre la forma en que vemos a los demás, pero el tema va más allá de esto. Estos estados cambian y afectan constantemente lo que nos sucede. Carl Jung dice que cuando no tomamos consciencia de nuestra situación interior ésta ocurre fuera, en forma de «destino». A nivel más obvio, este mecanismo puede funcionar así:

- La falta de contacto con nuestros sentimientos puede afectar a los demás, de forma que actúen muy emotivamente con nosotros.
- Una persona que no puede manifestar su enfado puede provocarlo en los demás.
- Una persona que actúa como si fuera muy superior puede provocar en los demás el deseo de «bajarla de su posición un escalón o dos».

Esta conducta inconsciente actúa como un «gancho» en el cual los demás cuelgan sus propias proyecciones.

> No me gustas, Dr. Fell.
> No puedo explicar porqué,
> pero una cosa sé muy bien,
> no me gustas, Dr. Fell.

Esta vieja rima señala una verdad fundamental: respondemos continuamente ante la sombra de las personas. Los «ganchos» que se entrelazan mutuamente pueden unir a la gente en el amor o en el conflicto. La tarea es ser conscientes de esto y liberarse de los elementos entremezclados de la relación.

Los pensamientos preceden y crean las circunstancias en nuestras vidas. Uno piensa: «Voy a encender la luz», antes de hacerlo. Asimismo, los pensamientos inconscientes están en acción, tomando forma. Nosotros no sabemos que están funcionando, ¡pero lo están! Nosotros creamos los modelos, no se crean por sí solos. Nuestra «sombra» crea nuestro «destino», así que si se lo permitimos, estos modelos nos pueden controlar. Alguien que ha sido maltratado en la niñez crece y a veces se casa con un compañero violento. El niño que ha sido dominado por la madre puede terminar trabajando para una supervisora muy exigente. Cuando existen problemas sin resolver pueden ocurrir situaciones nuevas que tienen elementos similares a los del pasado. Cuando respondemos a una situación del presente con el poder, la sabiduría y las habilidades que hemos desarrollado al enfrentarnos a situaciones pasadas, crecemos; cuando respondemos a las situaciones nuevas de una forma mejor de lo que lo hemos hecho en el pasado, modificamos los modelos.

Tus pensamientos atraen los acontecimientos de tu vida

Las circunstancias que más resistimos son a veces las que más atraemos. Es como si el miedo o el disgusto que sentimos provocara el suceso. Cuando nos enfrentamos a ciertas circunstancias como, por ejemplo, una desgracia, un fracaso financiero o la ruptura de una relación, crecemos, porque destruimos creencias que nos limitan. Por ejemplo, «Tengo éxito porque gano mucho dinero», o «Nunca podré valerme por mí mismo».

A lo que te resistes es lo que recibes

La situación que observas te proporciona mensajes sobre ti mismo

Cuando existen en tu vida circunstancias que no deseas o modelos que se repiten, debes analizar las proyecciones inconscientes. La situación que se observa afuera te está mostrando algo de ti mismo. Aunque es verdad que los seres humanos pueden verse involucrados en una serie de circunstancias fuera de su control, además de los dilemas personales de sus propias vidas, generalmente te resultará útil suponer que eres como un imán que atrae lo que necesita para su propio desarrollo, y es el pensamiento el método que empleas para atraer estas situaciones. El pensamiento inconsciente está fuera de tu control, de modo que cuanto más consciente estés de tus procesos internos más capaz serás de dirigir tus pensamientos para atraer lo que deseas conscientemente.

LA ANÉCDOTA DE ISABEL

Recientemente comencé una relación nueva muy emocionante. Un hombre me cortejaba de una forma que me encantaba: me llamaba a menudo y me decía cuánto deseaba verme. Empezamos a sentirnos muy unidos, pero de repente las cosas cambiaron. Empezó a llamar con menos frecuencia, y después tuve que empezar a decirle cuándo quería verle. Ya no esperaba sus llamadas. Empece a ser brusca y sarcástica con él. Le dije a una amiga en quien confiaba: «No puedes fiarte de los hombres; todos son iguales: no dicen la verdad». Cuando me puse a pensar me di cuenta de que todas mis relaciones habían cambiado. Estaba enfadada con los hombres, no quería molestarme más en relacionarme con ellos.

¿Por qué estaba tan enfadada? ¿Qué estaba sintiendo? Después me di cuenta de que tenía miedo de que me hirieran y me abandonaran, y recordé que así era como me sentía de niña: me acercaba a mi padre y quería estar más tiempo con él, pero después él se iba y yo me daba cuenta de que era arriesgado amarle. Comprendí

entonces que había un modelo ya establecido en mi relación con los hombres, de manera que cuando lograba la intimidad, ocurría un cambio y el hombre se retiraba repentinamente. Inconscientemente tenía miedo de crear una relación íntima y de terminar herida o abandonada. El miedo estaba atrayendo la realidad del rechazo y el dolor hacia mi vida. Eso fue algo nuevo que aprendí acerca de mí misma.

Después empecé a analizar por qué José había decidido retirarse. Tal vez no me estaba haciendo eso a mí, a lo mejor no estaba tratando de herirme. Probablemente él también sentía miedo, o tenía alguna otra razón o «sombra». ¿Tenía miedo quizás de que yo no lo quisiera ver? Me suavicé y decidí probar un método diferente. La próxima vez que sentí deseos de retirarme decidí decir la verdad y expresarme. «Me parece que me has estado llamando con menos frecuencia y tengo miedo de que no quieras verme.» Estaba lista para enfrentar un obstáculo que siempre había evitado.

Podemos utilizar las situaciones de conflictos como herramientas poderosas para desarrollar nuestros estados conscientes. Cuando estamos en conflicto, vale la pena «limpiar las malezas de nuestra mente».

TRATAR CON LA POCA VOLUNTAD DE LOS DEMÁS PARA RESOLVER EL CONFLICTO

Para que el conflicto pueda resolverse de una forma satisfactoria, ambas partes deben tener voluntad de hacerlo. En este capítulo hemos discutido algunas formas de prepararse para llegar a este estado mental, aunque con frecuencia el desafío mayor será ayudar a la otra persona a llegar al mismo punto. Aunque sepas que ellas tienen sus propias necesidades reprimidas, su historia personal sin resolver y unas cuantas cualidades inaceptables, muy pocas veces sería aconsejable hacérselo notar.

No hagas un diagnóstico a tu jefe: eso no forma parte del contrato social establecido; necesitarás métodos menos drásticos para calmarle y atraerle a la mesa de negociaciones. Para poder hacer diagnósticos tendrías que tener una relación muy especial con él. Por lo tanto, considera estas alternativas:

Para obtener una mejor respuesta, utiliza un mejor estímulo

Corrige tu parte del problema

Pocas veces resultas ser completamente inocente cuando alguien te hace una proyección. ¿De qué forma estás atrayendo esta proyección? ¿Estás irritando a la otra persona? Para actuar limpiamente, observa qué hay detrás de sus quejas. Lo importante es corregir lo que necesita corrección, manteniendo el sentido de la proporción. No vale la pena tener remordimientos de conciencia porque le hayas disgustado. La mayor parte del «encendido» es problema suyo: tú solamente debes corregir la parte que te corresponde.

Obsérvate a ti mismo y hazte estas preguntas:

- ¿Cómo estoy usando mi *poder*? ¿Le estoy ayudando para que mantenga el poder o se lo estoy quitando? ¿Estoy jugando el papel de víctima, rescatador o perseguidor? ¿Le he ofrecido opciones limpias o le he amenazado?
- ¿He analizado primero mis propios *sentimientos*? ¿Está mi *sombra* interfiriendo con la resolución?
- ¿He obstaculizado la *empatía*? ¿Le he escuchado realmente?

- ¿He usado un lenguaje lleno de insinuaciones o les he dado mensajes «limpios»?

Considera porqué han ocurrido las malas interpretaciones

- ¿Hemos interpretado mal la posición, los motivos, requisitos, valores o sentimientos de los demás?
- ¿Cómo puedo aclarar esto?
- ¿Necesito ayuda? ¿Necesito un *mediador?*

Trata de decir algo positivo como *diluyente* del conflicto; o como *reiniciador* cuando las cosas se hayan calmado. Por ejemplo: «Me gustaría arreglar esto, ¿qué opinas?».

Analiza las ventajas que obtendría cada uno si el problema se solucionara.

Recuerda que puede haber alguien a quien le interese que el problema se mantenga en vez de resolverse. Si este es el caso, tal vez necesites *distanciarte* del problema y dejarle espacio para que él se haga cargo de la parte que le corresponde. Esto puede significar, en algunos casos, retirarse físicamente. Trabaja en el problema para lograr su propia resolución de manera que puedas distanciarte de él y encontrar calma y aceptación en la comprensión de que tú no eres responsable de su conducta. Si has hecho todo lo posible y la otra persona todavía permanece sumida en la dificultad, recuerda: el perdón te libera.

RESUMEN

1. ¿Cuál es la recompensa obtenida por no resolver el problema?
2. ¿Prefieres llevar la razón o ser feliz? Dedícate a la resolución del problema, en lugar de dedicarte a tu propia autojustificación.
3. El perdón te libera.
4. ¿Estás informado o inflamado? ¿De qué color son las «lentes» con las que estás mirando?
5. Analiza tus necesidades reprimidas, tu historia personal sin resolver y las cualidades inaceptables que podrías proyectar durante un conflicto.
6. Lo que piensas atrae los acontecimientos de tu vida. A lo que te resistes es lo que recibes. Utiliza las circunstancias difíciles para «limpiar de malezas el jardín de tu mente».

7. Ten en cuenta que la otra persona también está engan-
   chada a tu proyección. Por tanto, pregúntate qué puedes
   hacer para ayudarla. Considera:
   (i) corregir tu parte del problema.
   (ii) la impresión que has causado en los demás.
   (iii) si ha habido malentendidos.
   (iv) discutir las ventajas de resolver el problema con la
       otra persona.

CAPÍTULO OCHO

Trazar el mapa del conflicto

¿Has tenido alguna vez un problema y has pensado lo siguiente...?:

- Estoy confundido/a. No me puedo dar cuenta realmente de qué es lo que pasa.
- No tengo salida. Parece que este problema no tuviera solución.
- Hay demasiados factores en juego. ¿Por dónde empiezo?
- Había algo más, pero no sé qué era.
- La situación no tiene remedio. Es un choque de personalidades.
- ¡Qué poco considerado! ¿Cómo se puede comportar así?

En momentos como éstos necesitas... *mapas*. Los mapas ofrecen una imagen clara, demuestran cómo los hechos se relacionan entre sí, y permiten ver situaciones que de otra forma no percibirías. Por lo tanto, antes de ponerse en acción para resolver un conflicto, traza su mapa. Puedes hacerlo solo, con un amigo, con otras personas que están en conflicto y especialmente en las reuniones dedicadas a resolver problemas.

¿Recuerdas la anécdota de la naranja en el capítulo 2 y la importancia de *retomar las necesidades* para encontrar soluciones «Tú ganas / Yo gano»? Esto es lo que el esquema te permite hacer, ya que su utilidad reside en su enfoque ordenado y sistemático.

Paso 1. ¿Cuál es el problema?

Descríbelo en términos generales; no es necesario todavía focalizarlo o buscar la causa. Si el problema es alguien en el

Describe el tema en términos generales

QUIÉN: ....

NECESIDADES: ....

....

QUIÉN: ....   TEMORES: ....   QUIÉN: ....

NECESIDADES: ....   NECESIDADES:..........

....

TEMORES: ....   TEMORES: ....

....

EL TEMA
....
....
QUIÉN: ....   QUIÉN: ....
....

NECESIDADES: ....   NECESIDADES:...........................

....

TEMORES: ....   QUIEN:............................   TEMORES: ....

....   NECESIDADES: ....

TEMORES: ....

....

trabajo que no está cumpliendo con la parte que le correspon-de, el tema puede ser «división de tareas». Cuando existen cho-ques de personalidades y la comunicación se ha deteriorado, el tema puede ser «comunicación». En tu casa, si el problema es quién lava la vajilla o que los niños no mantienen los dormito-rios ordenados, el tema puede ser «lavado de vajilla» o «tareas domésticas». No te preocupes si no lo defines con exactitud, simplemente identifica el tema sobre el cual quieres hacer el mapa. No definas el problema en términos sí / no, uno / u otro. Define el problema con amplitud.

Paso 2. ¿Quiénes son los implicados?

Decide quiénes son los participantes principales. Puedes nombrarlos bien individualmente (cada miembro de la familia o del grupo), o todo el equipo, secciones, grupos u organizaciones (por ejemplo, vendedores, recepcionistas, directores, clientes, público o gobierno). Siempre que las personas compartan necesidades en común pueden pertenecer a un mismo grupo. También puede ser adecuada una mezcla de individuos y grupos.

Identifica a las partes implicadas

Si estás haciendo un mapa de un nuevo reglamento escolar acerca de la proporción de maestros por estudiantes, las personas que podrían participar serían precisamente maestros, estudiantes, directores, el ministerio de Educación, los padres y tal vez también los políticos y la prensa. En un problema de origen interno solamente podrían participar los tres primeros grupos.

Si haces un mapa de dos personas que tienen un problema en una oficina, puedes incluir a ambas y al resto del personal, o puedes hacer una lista separada de cada uno, o incluir a un supervisor.*

Paso 3. ¿Qué desean los otros realmente?

¿Cuáles son las necesidades? ¿Cuáles son los temores?

Haz una lista de necesidades y temores relevantes al tema para cada grupo. Clarifica las motivaciones. Las personas se motivan por lo que quieren y buscan, así como por lo que no quieren y tratan de evitar.

Al hacer un esquema de las necesidades y temores, ampliamos las perspectivas y las soluciones que se podrían considerar cuando el esquema se haya completado.

Necesidades

Utiliza esta palabra con amplitud; puede significar deseos, valores, intereses, o lo que te importa. Simplemente pregúntate cuáles son tus necesidades principales respecto al asunto. Esta pregunta puedes hacértela a ti mismo, a otra persona, o *respecto de* una tercera persona o parte. Las necesidades pueden incluir: trabajo satisfactorio y seguro; respeto, reconocimiento y comprensión; una casa o un escritorio ordenado; que te permitan ser desordenado; tener todo los asuntos legales en orden, etc.

A veces la misma necesidad se aplica a varios o a todos los grupos. Vale la pena escribir la necesidad que se ha mencionado bajo cada encabezamiento para considerar cuánto existe en común.

A veces a las personas en cuestión les resulta difícil abstenerse de mencionar la solución y retomar las necesidades. Tú las puedes guiar con preguntas cómo: «Tu respuesta al problema es hacer X, ¿qué necesidades estarías satisfaciendo en este caso?». La respuesta a esto por lo general tendrá relación con tus necesidades.

Cuando se está haciendo un esquema a veces sucede que alguien comienza a hablar de su problema, mientras otro está hablando de sus temores y necesidades. Esta interrupción se puede tratar extrayendo una de las necesidades o temores que ambos han mencionado y colocándola en la parte del mapa que le corresponde. Luego se puede continuar preguntándoles si están de acuerdo en que se vuelva al punto donde estaban originalmente.

Temores

Los temores se reconocen al trazar el mapa

Puede tratarse de preocupaciones, ansiedades o inquietudes. No tienes porqué dilucidar sobre si son temores reales o no. Por ejemplo, se puede temer algo que racionalmente se sabe que es muy difícil que suceda, sin embargo, el temor está allí esperando ser reconocido. Es importante escribir esto en el mapa. Uno de los beneficios de hacer un esquema es que se tiene la oportunidad de expresar miedos irracionales y de reconocerlos.

Los temores pueden incluir:

- fracaso, vergüenza
- equivocación
- inseguridad
- ser rechazado, despreciado o no ser amado
- perder el dominio propio
- soledad
- ser juzgado o criticado
- pérdida del empleo
- no ganar lo suficiente
- trabajo monótono
- que se te den órdenes
- pagar demasiado
- tener que empezar todo de nuevo

Utiliza la lista de temores para deducir motivaciones que no surgen fácilmente a la luz al considerar las necesidades: «Necesito respeto», «Temo no ser respetado».

Hacer una lista de las necesidades y temores

Lo más importante es concentrarse en las necesidades y temores de todos hasta que el mapa esté completo. No te desvíes con consideraciones como: «¿Qué pasaría si...?» o con soluciones. Si las personas insisten en hacer otras observaciones, escríbelas en un papel aparte. Continúa con las preguntas: ¿cuáles son las necesidades?; ¿cuáles son los temores? Tal vez sea necesario distinguir las soluciones que se mencionan como necesidades. Por ejemplo, durante el proceso de hacer un esquema acerca del tema de fumar (véase el mapa 1), el moderador preguntó: «¿Qué necesitan?», y la respuesta fue: «Períodos de descanso para todos». Esta era, en efecto, una solución. La necesidad detrás de esto era «una justa distribución del trabajo».

Cuando alguien hace un comentario acerca de algo que no funciona, que le disgusta o no le satisface, utiliza tus conocimientos para investigar qué hay detrás del comentario y clasifícalo como necesidad o temor. Por ejemplo, ante un comentario como «Las reuniones son una pérdida de tiempo, nunca se

Dirige las interrupciones anotando la necesidad relevante

terminan», puedes preguntar: «¿Qué necesitas? (la respuesta obvia será: «Pasar menos tiempo en reuniones»). Puedes también preguntar: «¿Qué es lo que temes?»; y la respuesta puede ser: «No tendré suficiente tiempo para terminar un trabajo». Esto amplía el tema y evita que se desvíe en consideraciones tales como si las reuniones duran demasiado o si se tendrían que hacer reuniones o no. Permanece centrado en el tema de qué es lo que las personas desean o no desean de las reuniones.

Cuando intentes hacer un esquema de las necesidades y los temores de personas y grupos no presentes, es esencial pensar en lo que ellos considerarían que son sus temores y necesidades. Por ejemplo, tu idea de una mujer que siempre llega tarde sería: «Necesita ser puntual». Lo que ella necesita puede ser diferente, puede necesitar más tiempo a la hora del almuerzo, más apoyo con los niños, un automóvil que funcione, o ideas acerca de cómo administrar el tiempo. No digas: «¡Necesitan ser más comprensivos!». Esa afirmación se refiere a tu necesidad de tener más respeto y reconocimiento. Esto es muy válido. Colócalo en tu propia lista. Además, tal vez haya algo que ellos necesitan de ti antes de que puedan respetarte más; tal vez necesiten más comunicación o información de ti. Por supuesto, tal vez también ellos necesiten más respeto y reconocimiento. Si repentinamente te das cuenta de que lo que necesitas, considera la posibilidad de tal vez ellos tengan igual necesidad.

¡Puedes dibujar un mapa en cualquier momento, en cualquier lugar y con cualquier persona!

Lo mejor es hacer el mapa en un papel grande. En una reunión se puede colocar una hoja grande de papel sobre una pizarra y escribir con lápices especiales. Procura utilizar diferentes colores: un color para los temas y las personas, otro para las necesidades y otro para los temores. Sin embargo, esto no es un requisito esencial, ya que muchos mapas de primera calidad se han hecho sobre una servilleta en un restaurante y con un lápiz común.

Haz rápidamente un esquema mental antes de empezar un nuevo empleo, antes de mudarte, cuando haces planes para ir de vacaciones con tus amigos, cuando haces un acuerdo o compromiso, en cualquier momento y en cualquier relación personal o laboral. Para hacer un mapa no es necesario tener un conflicto: puedes utilizarlo para prevenirlos. Es útil hacer un mapa antes de hacer un plan. Por ejemplo, cuando se deben reducir los gastos en una empresa es esencial hacer un esquema incluyendo a todas las personas que serán afectadas, esto puede ser muy útil en el momento de llevar a cabo los cambios y puede afectar las actitudes de todos los participantes.

También puedes hacerlo tú solo. A veces tendrás que suponer lo que piensan los demás, pero ese proceso te ayudará a obtener una visión general más amplia. Tal vez te ayude a destacar algunos puntos sobre los cuales necesitas más información y esto te hará pensar en algunas preguntas que puedes hacerle a los demás acerca de las necesidades antes de empezar a pensar en las soluciones.

Puedes hacer también un esquema junto a otras personas. Por ejemplo, en el trabajo, tu hogar u otras actividades grupales en las que estés participes. Se trata simplemente de decir: «Formémonos una imagen clara de la situación antes de continuar. Escuchemos las necesidades y preocupaciones de cada uno respecto a este tema». Los mapas pueden ser útiles cuando se trata de:

- Relaciones.
- Preparación para negociaciones de negocios.
- Negociaciones que se han interrumpido (véase esquema 1).
- Acuerdos acerca de la tenencia de los hijos o división de propiedades cuando se termina una relación matrimonial.
- Equipos o áreas de trabajo en las que la comunicación es difícil o existe una persona con la cual es difícil comunicarse (véase el esquema 3).
- Hogar.
- Avisos.
- Facciones que no trabajan bien juntas (véase el esquema 2).
- Planear reuniones.
- Cambios inminentes. Por ejemplo, formular nuevas políticas o regulaciones en grandes organizaciones.

Los mapas configuran el futuro. Tú trazas mapas para crear opciones reales. Utiliza los mapas para las situaciones actuales, no para aquellas que ya no se pueden negociar. Por ejemplo, hacer un plano de un reglamento de no fumar en la oficina, cuando éste ya está funcionando no tiene sentido, pero se puede hacer un esquema acerca de las repercusiones de este reglamento que no se han resuelto. Tal vez el personal que no fuma no está conforme con el tiempo que los fumadores se toman para fumar afuera.

Mantente enfocado en el tema. Si te das cuenta de que te estás desviando o que aparecen otros asuntos, puedes necesitar un segundo mapa. Cuando hagas un esquema del tiempo que se toman para fumar, puedes encontrar que salen a la luz otros asuntos, como el tema del medio ambiente, que merecen un esquema aparte.

Clarifica las necesidades legítimas que existen detrás de los mensajes con doble significado

A menudo pensamos que si tenemos necesidades que están en conflicto (por ejemplo, dos personas desean el mismo ascenso), es peligroso poner en evidencia este enfrentamiento. Sin embargo, ocultar una dificultad es mucho más arriesgado que exponerla. Exponer el problema en términos de necesidades y temores por lo general ayuda a desarrollar nuevas opciones.

Las personas que consideramos muy «difíciles» también tienen, no obstante, necesidades y temores con los cuales se puede esbozar un mapa; esto te ayudará a conocerlas mejor. Cuando se dice que «existe un choque de personalidades» a menudo significa: «No conozco bien a esta persona y los métodos que utilizo comúnmente para tratar a la gente no funcionan con ella».

Vuelve a las necesidades. Tal vez recibas de ellas una respuesta totalmente diferente una vez que empieces a hacerlo. Quizás haya formas de satisfacer esas necesidades que tú no has considerado, y el esquema te lleve a descubrir nuevas soluciones. La rebeldía de un adolescente puede estar encubriendo el temor a no ser amado por sus padres. Tal vez una salida especial preparada exclusivamente para ellos les pueda demostrar que les amas y solucionar otros problemas al mismo tiempo.

La actitud negativa de una compañera de trabajo puede deberse a una necesidad de reconocimiento frustrada: tú puedes reconocérselo elogiándola en la reunión del personal.

Cómo interpretar tu mapa

- Busca nueva información y discernimiento: datos que no habías notado antes y que ahora los ves claramente. Haciendo un mapa te puedes dar cuenta de cómo es estar en la situación de la otra persona.
- Busca puntos en común, necesidades o intereses similares.
- Trata de crear una visión común e incluye los valores y las ideas de todos. En el esquema 2, los no fumadores escribieron: «Que no se nos agregue más trabajo», mientras que los fumadores: «Que no se detenga el trabajo».

Ambos grupos consideraron el evitar la interrupción del trabajo como la visión en común.

- Combina diversos valores y perspectivas. ¿Qué ideas y valores se pueden incorporar en una visión común porque son importantes para una de las partes? Para las personas que no fumaban era importante mantener los pasillos limpios, sin colillas de cigarrillos; lo cual se podía incorporar fácilmente a la visión de los fumadores. Idealmente, la visión común debería ser lo suficientemente amplia como para incluir los valores individuales de todas las personas que participan. Por ejemplo, a un padre le puede importar que su hijo haga los deberes, mientras al niño le importa jugar. La visión común tendrá que incluir ambos: deberes y juegos.
- Busca los puntos que no están claros, como por ejemplo ciertas recompensas para algunas de las personas si el problema se resuelve de un modo y no del otro. Una recompensa que es muy común es el deseo de quedar bien. Destaca estos puntos y agrégalos al mapa como necesidades y preocupaciones adicionales.
- Identifica la dificultad que necesita más atención.
- Busca indicios, ¿qué es lo que no estaba claro antes que ahora parece requerir atención?
- Crea situaciones en las que todos puedan ganar.
- Identifica factores que podrían ayudar a alguien más, especialmente ciertas concesiones fáciles de otorgar.
- Considera qué es lo que necesitas para que todos se beneficien.

Considera soluciones que beneficien a todos

Analiza estas consideraciones solo y con todos los participantes. Después considera los puntos que necesitan atención. Ahora estás listo para el próximo paso: crear opciones (véase el capítulo 9, *Crear opciones*).

La acción de hacer un esquema tiene muchos beneficios:

- Estructura la conversación y evita las expresiones excesivas de emoción. Las personas pueden perder el dominio propio en cualquier momento, sin embargo, mientras se hace el esquema, trata de que el tono de la conversación sea suave.
- Genera un trabajo de grupo, donde el problema se puede discutir en forma cooperativa.
- Proporciona un foro, donde la gente pueda decir lo que necesita.
- Desarrolla la empatía y reconoce a las personas que se pueden haber sentido incomprendidas anteriormente.

- Te permite ver tu punto de vista y el de otras personas mucho más claramente.
- Incluye el punto de vista de todos acerca de un tema.
- Indica nuevas direcciones.

RESUMEN

Un esquema se puede hacer siguiendo tres pasos:

PASO 1: Define el tema en una frase general.

PASO 2: Nombra a las personas principales que participan del tema.

PASO 3: ¿Cuáles son las necesidades y temores de cada persona o grupo?

Utiliza los esquemas cuando estás solo/a, con un amigo, con tu pareja, con grupos u otras personas. Analiza el esquema para obtener nueva información, puntos en común o una visión en común. Concéntrate en los puntos más importantes e identifica elementos con los cuales construir soluciones «Tú ganas / Yo gano». Después continúa creando nuevas opciones.

MAPA 1

Una mujer estaba disgustada porque su vecino quería construir una valla alta de ladrillos entre las propiedades. El plano se debía presentar al municipio para su aprobación. Vino al curso de Resolución de Conflictos sintiéndose muy enojada e impotente. Hizo un esquema de la situación y cuando terminó el seminario decidió invitar a su vecino a tomar una taza de café para conocerlo mejor, en lugar de discutir con él a través de la cerca. Cuando se fue, se sentía mucho menos enfadada e impotente. Los otros participantes del curso se dieron cuenta también del valor de hacer un mapa de las necesidades, en lugar de primero buscar soluciones. Habían comenzado por simpatizar con la mujer acerca de lo horrible que era el vecino, y haciéndole sugerencias acerca de cómo ella le podía hacer la vida más difícil. Después de trazar el mapa, eran mucho más conscientes de los temores del vecino y de la sensación de aislamiento, y de cómo la mujer podía ayudarle y ayudarse a sí misma.

ELLA

NECESIDADES

— espacio abierto
— conservar la propiedad intacta
— buena comunicación y amistad
  con su vecino

TEMORES

— sentirse encerrada
— sentir abuso
— venganza si se rechaza la
  solicitud
— aislamiento
— tener que pagar por algo que no
  ha pedido
— tener la vista obstruida por una
  pared de ladrillos

LA VALLA

ÉL

NECESIDADES

— intimidad
— seguridad
— los perros encerrados
— la cooperación comunicación

TEMORES

— perder los perros
— que los perros molesten a los
  vecinos
— robos
— contacto social que tal vez no sepa
  afrontar con su vecina

MAPA 2

En una empresa se introdujo un reglamento que prohibía fumar y algunos de los fumadores empezaron a tomar descansos más frecuentes o más largos, a veces fuera del edificio. La organización se dividió en grupos de fumadores y no fumadores. El personal de una sección se reunió para resolver los desacuerdos. Al hacer un mapa se creó una perspectiva más amplia del tema. Los que no fumaban se dieron cuenta de que los fumadores todavía tenían su adicción, y los fumadores se dieron cuenta de que los que no fumaban no estaban de acuerdo con los descansos que se tomaban. La apatía y la irritación disminuyeron una vez que el punto de vista de cada uno obtuvo más respeto y comprensión. Del debate y las emociones intensas acerca de si fumar o no fumar pasaron a la acción de solucionar los problemas que quedaban por resolver. Se discutieron alternativas, como ins-

FUMADORES

NECESIDADES

— tiempo para fumar
— respeto y comunicación
— lugar para fumar
— tolerancia
— trabajo ininterrumpido
— necesidad de trabajar
  y fumar al mismo tiempo

TEMORES

— no tener suficientes descansos
— animosidad
— síndrome de abstinencia
— disciplina, sanciones
— mala opinión de los demás
— mal tiempo

PARADAS PARA FUMAR

NO FUMADORES

NECESIDADES

— igualdad
— aire limpio en todas el edificio,
  incluyendo la entrada
— no ver colillas de cigarrillos
— lugares de descanso y comedor
  donde esté prohibido fumar
— aceptación del reglamento
— un lugar de trabajo estable y seguro
— no tener trabajo extra
— respeto y comunicación
— que se conteste el teléfono cuando
  las personas están afuera

TEMORES

— abusos
— interrupciones
— deterioro de la salud
— ser considerados mezquinos
  y vengativos
— no ser comprendidos

GERENTES

NECESIDADES

— eficiencia
— personal con buena salud
— moral alta
— bajo nivel de conflicto
— cumplimiento del reglamento de
  no fumar

TEMORES

— tener que pagar indemnización
— demanda judicial
— deterioro de la imagen pública
— interrupción e ineficiencia
— moral baja

talar contestadores automáticos para responder llamadas mientras los fumadores no estaban en la oficina, cubos de basura para colocar afuera y áreas del comedor separadas, con aire acondicionado independiente para fumadores y no fumadores.

MAPA 3

Una supervisora se sentía muy incómoda ante la perspectiva de discutir la situación de una recepcionista que se había tenido que retirar varias veces del trabajo y a la cual el resto del personal había tenido que reemplazar. La recepcionista, que estaba sola con su hijo de tres años, recibía llamadas frecuentes y se tenía que ausentar del trabajo. La supervisora, que era una persona reservada, encontraba difícil enfrentar la situación y su falta de firmeza molestaba al personal de la sección. Después de haber hecho un esquema de la situación se sintió con más confianza para afrontar la situación. Algunas opciones que presentó fueron:

- Llamar a una reunión del personal y hacer un mapa.
- Ayudar a la recepcionista a fijar prioridades. Ella misma debía decidir si continuar o no con el trabajo.
- Ayudarle a explorar posibilidades de conseguir a alguien más responsable que le cuidara al niño.
- Considerar compartir el puesto con alguien.
- Crear un sistema de turnos para reemplazarla cuando se tuviera que ir.

SUPERVISORA

NECESIDADES

— que se haga el trabajo
— cumplir con sus obligaciones e informar a sus supervisores
— ser considerada con la recepcionista y su vida privada
— cuidar a las personas en su equipo
— ser más asertiva
— que el equipo esté contento y sea productivo
— el resentimiento y el enojo del resto del personal

TEMORES

— pérdida del respeto ante el equipo y sus supervisores
— ser intransigente o demasiado estricta
— pérdida de autoridad
— que otros se pongan de acuerdo y le informen a los superiores de a situación
— ofender a la recepcionista

COBERTURA DE RECEPCIÓN

RECEPCIONISTA

NECESIDADES

— cuidar a su hijo
— tener un salario
— apoyo como madre sola
— ser una buena madre y demostrarlo
— respeto
— aceptación en el equipo

TEMORES

— perder el empleo
— fracasar como madre
— rechazo
— que se discuta su situación y que se la considere incompetente
— pérdida del control
— prejuicios porque es una madre sola
— que la denuncien por no cuidar debidamente a su hijo por no tener tiempo de hacer sus propias tareas

PERSONAL

NECESIDADES

— cumplir con sus papeles sin interrupciones
— ser respetados por sus conocimientos y cargos
— demostrarle respeto y consideración a la
— estabilidad recepcionista pero no a expensas de su propio trabajo
— una recepcionista de la cual se pueda depender

TEMORES

— que el problema no cambie o que empeore
— ser manipulados
— no tener la opción de decir «no»
— sentirse impotentes
— que se tome ventaja de la situación
— no tener apoyo
— que se les considere incompetentes

CAPÍTULO NUEVE

Crear opciones

Al dibujar un mapa has tenido la oportunidad de observar el territorio. El próximo paso lógico es crear nuevas opciones para obtener soluciones mejores. Piensa en tantas posibilidades como sea posible, pues éste es un proceso creativo.

Las personas que saben resolver conflictos tienen la capacidad de crear opciones, de pensar espontáneamente y de romper viejos hábitos y probar nuevas formas de hacer las cosas. El proceso creativo es como zambullirse en un tesoro de posibilidades; lo que trae a la superficie depende de lo que se está buscando. Busca soluciones con las cuales todos puedan ganar y probablemente las encontrarás.

Las metas «Tú ganas / Yo gano» reducen las luchas por el poder y ayudan a mejorar la relación. En realidad, las luchas por el poder tienen lugar cuando las personas no creen que la solución podrá satisfacer sus necesidades. Aun cuando la solución no apoye a todos los participantes, las soluciones que tienen en cuenta las necesidades de la otra persona expresan sentimientos como: «Me importas, te respeto y tienes el derecho a necesitar lo que necesitas».

El proceso se compone de tres pasos:

- La creación de opciones
- La elección de opciones
- La ejecución de las opciones elegidas

PASO 1: *Crear opciones*

Define el problema en función de las necesidades. Cuando tengas claro cuáles son las de cada uno, explora las posibilidades. Estás tratando de encontrar una respuesta que permita que todos ganen y que convierta a los protagonistas en colaboradores en la búsqueda de una solución. ¿Tenéis algún punto en común o queréis cosas similares? ¿Coinciden las necesida-

Define el problema de acuerdo a las necesidades

des? Por ejemplo, tú necesitas el automóvil a las 14:00 y yo no lo necesito hasta las 17:00.

¿Qué le hace falta al plan para ser más aceptable? ¿Debe incluir algo que ayudará a quedar bien? Puede haber una persona que ha pasado desapercibida y que está tratando de hacer notar un punto de vista que necesita ser reconocido. Puede haber asuntos importantes que todavía no se han discutido y que se deben considerar.

Crear opciones juntos   Las personas se sienten más comprometidas con las soluciones que ellos mismos han ayudado a desarrollar. Aunque tú tengas un plan excelente, trata de incluir las sugerencias de los demás. Las otras personas tal vez estén muy entusiasmadas con sus propios planes, aunque éstos sean similares a los suyos. Utiliza también la forma de escucha activa para considerar las sugerencias de todos.

Sé práctico   ## Crea soluciones prácticas

La resolución de conflictos no consiste simplemente en utilizar la técnica de la escucha activa o la asertividad. Es también esencial crear sugerencias prácticas. No continúes gritándole al niño para que no toque el florero. Cambia el florero de lugar hasta que el niño sea más mayor y pueda comprender. Si el personal en el trabajo continúa usando una puerta para acortar camino y esto causa molestias, cierra la puerta con llave y coloca carteles indicando otra salida.

Piensa en alguna situación que te molesta y que se sigue repitiendo: ¿te pueden servir algunas de estas opciones para crear nuevas soluciones?

Circulación de información

¿Se interrumpe el proceso de decisión a causa de la falta de información? ¿Se necesita más esfuerzo para hacer circular la información? ¿Cómo se podría solucionar esto?

- Se necesita más información? ¿De dónde? ¿Quién tendría que recibirla?
- ¿Se necesita que la información se presente de una forma más simple, por ejemplo, con ilustraciones o en un resumen?
- ¿Se necesitan más explicaciones?
- ¿Que se informe con más anticipación?
- ¿Fijar horas determinadas para hablar?

Estructuras y procedimientos

¿Es necesario poner al día las estructuras o los procedimientos? Considera:

* Definir nuevas líneas de autoridad y responsabilidad.
* Sistemas de información al día.
* Cambiar las instrucciones.
* Introducir un sistema de procedimientos formales.
* Mayor planificación.

Objetos y servicios

¿Son los objetos materiales o los servicios disponibles parte de la solución? Considera:

* Comprar equipos o muebles.
* Emplear a otra persona.
* Alquilar equipo o muebles.
* Alquilar servicios, por ejemplo, ayuda manual, médica, de negocios, personal, asesoramiento legal o mediación.
* Nueva distribución o cambio de espacio, equipo o muebles.
* Nueva distribución o cambio de tareas.

Libre expresión de ideas

Tal vez prefieras considerar una amplia gama de opciones. Tal vez desees también asegurar la participación de todos dedicando esta etapa del procedimiento a la libre expresión de ideas:

Recibe las sugerencias sin juzgarlas

* Reúne a los participantes.
* A veces deberás fijar un límite de tiempo: «Durante los próximos cinco minutos (media hora, o lo que sea) simplemente expresaremos ideas». Permite que se expresen todas las ideas hasta que se agoten.
* Si el problema es complejo elige a una persona para que anote las sugerencias. Si estás trabajando con un grupo, escribe las sugerencias con lápices de colores, en hojas de papel blanco, de manera que todos las puedan ver.
* Recibe todas las ideas, no importa cuán disparatadas sean. Si la situación lo permite, trata de utilizar el humor, esto puede reducir la tensión e incentivar una forma de pensar creativa. Sé audaz, lo que parece imposible puede originar buenas ideas.

• Acepta las ideas sin juzgarlas, sin sentirte obligado y sin evaluarlas, para evitar coartar nuevas posibilidades o dar la impresión de que las personas deben apoyar las ideas que han tenido. Durante una negociación difícil tal vez puedas decidir organizar una sesión de «libre expresión de ideas» y definirla como un proceso «sin prejuicios» o sin compromiso con las soluciones que se hayan desarrollado durante la sesión.

Moneda de cambio

¿Qué es de poco valor para mí y de mucho valor para la otra persona?

El proceso de desarrollo de soluciones funciona de una forma amplia. La meta es desarrollar un plan que abarque una gama variada de factores. Tú podrías ofrecerles sugerencias que son fáciles y «económicas» , y a su vez puedes pedir favores que sabes que para la otra persona son relativamente fáciles. Esta es la «moneda» con la cual ambos podéis negociar. Esto incluye servicios, tiempo, reconocimiento y seguridad, y se consideran valores «elegantes» cuando una persona ofrece algo que es de poco valor para ella pero de alto valor para la otra persona.

Si me das algo, te doy algo a cambio

La meta es averiguar las necesidades de cada uno y hacer más atractiva la solución con componentes de bajo costo para ti y para la otra persona; a veces podrás también negociar las concesiones. En un contrato de negocios podrías ofrecer la entrega inmediata de algo que ya está en el depósito por dinero al contado en vez del pago a plazos. Podrías pagar menos interés en un préstamo si puedes garantizar con el respaldo apropiado tu capacidad de pagar.

Tú tienes la responsabilidad de preparar la negociación y exponerla: «Podrá recibir los materiales el viernes, si le entrega un cheque al repartidor; pero si no es así, cancelaremos el acuerdo». O también: «Necesito que me limpien el tejado, ¿tiene tiempo este fin de semana? Haré un postre si sé que va a venir».

Una advertencia: si exageras los canjes, la otra persona se sentirá sobornada u obligada. Frases como: «Si lavas los platos te daré dinero para un helado», tal vez no desarrollen en un niño el espíritu de cooperación voluntaria que hace que una familia funcione bien.

Dividiendo el problema en partes más pequeñas

Divide el problema en partes más fáciles de manejar

A veces no se puede resolver todo el problema, pero se pueden resolver partes de él. Cuando la tarea es muy grande, divide el problema en partes más pequeñas y más fáciles de manejar. Piensa, por lo menos, qué podría ayudar a resolverlo.

GENERADOR DE OPCIONES

Mis necesidades, límites y prioridades	Sus necesidades, límites y prioridades		

Jaime tiene dos niños del matrimonio anterior y aún mantiene un contacto regular e intenso con sus hijos. Al marido de su ex-esposa Isabel le han ofrecido un ascenso excelente en otra ciudad. Probablemente la familia se tendrá que mudar, y Jaime está muy disgustado porque perderá el contacto con sus hijos. Trató de dividir el problema utilizando la gráfica del generador de opciones.

Considera un problema actual y que parezca no tener solución. Nombra tres necesidades, valores, límites o prioridades, tuyos o de la otra persona. Considera algunos de los puntos del generador de opciones en los cuales tus necesidades y las de la otra persona coincidan. Vuelve al problema con alguna sugerencia que pueda ayudar a solucionar esa parte del problema. Utiliza el generador de opciones de la página anterior.

GENERADOR DE OPCIONES

Las necesidades, valores, límites y prioridades de Jaime.	Las necesidades, valores, límites y prioridades de Isabel	1. Que los niños estén contentos	2. Mantener su nuevo matrimonio	3. Tener seguridad financiera
1. Ver a los niños con frecuencia		Planear visitas largas en las vacaciones	Aceptar los planes de mudanza	Aclarar los acuerdos de manutención y viajes
2. Seguir sus vidas mientras crecen		Tomarse tiempo libre cuando están los niños		
3. Que continúen considerándole su papá		Llamar por teléfono con frecuencia	Llamar antes de que el marido de Isabel llegue del trabajo	Que sepan los niños lo que Jaime les da

Las mejores alternativas

Cuando se crean opciones en una situación difícil vale la pena considerar cuál es la mejor alternativa si no se puede llegar a un acuerdo. Los negociadores profesionales, entre ellos Roger Fisher, usan la sigla correspondiente a «Mejor Alternativa A Un Acuerdo Negociado» para nombrar este concepto clave. Si el problema con el jefe no se soluciona, la mejor alternativa podría ser buscar otro empleo. ¿Sería conveniente llamar a una agencia de empleo para averiguar qué puestos vacantes tienen? Si puedes encontrar una alternativa atractiva, o por lo menos más aceptable, no te desesperarás tanto durante la negociación. Demostrar demasiada ansiedad puede ser una desventaja cuando está negociando. La otra persona percibe su ansiedad y se siente seguro de la oferta, por lo tanto no ofrece concesiones. Los vendedores perciben rápidamente cuánto interés de comprar tiene el cliente. Ten cuidado también cuando vendas algo. Si tienes demasiado interés en vender algo, tal vez no te sientas con la seguridad suficiente como para negociar un precio mejor, o puedes exigir demasiado, y perder la venta.

Los demás también tienen alternativas. A veces tú puedes presentar información que demuestra que la mejor alternativa de ellos no es tan atractiva después de todo. ¡Si tú piensas que tu jefe quiere despedirte y emplear a otra persona, puedes hacerle notar cuánto tiempo te lleva aprender tu trabajo!

Confrontación con las consecuencias

Si estás tratando con alguien que rehusa cambiar de idea, o que no te escucha, puede ser importante considerar qué opciones tienes. Si se niega a negociar, tal vez debas exponer las consecuencias. No le amenaces: preséntaselas como alternativas que te verás obligado a tomar. Reserva la confrontación como un último recurso.

Confrontación con las consecuencias: ¿ayudará o empeorará la situación?

PASO 2: Elegir opciones

La etapa de creación de opciones se puede eliminar si se entienden claramente las necesidades. Una solución puede surgir inmediatamente como el resultado perfecto. Sin embargo, si has tenido una sesión de libre expresión de ideas no pases a la etapa de elegir opciones hasta que llegue el momento o hasta que se hayan obtenido una cantidad considerable de sugerencias. En una sesión formal se puede comenzar por clasificar las sugerencias en: 1. Muy útil; 2. Le faltan elementos; 3. No es práctica. Esto ayudará a que los participantes evalúen cuáles son las sugerencias que cubren las necesidades. Las sugerencias se pueden evaluar también según estos criterios:

- ¿Es *factible*? ¿Cuánto lo es? ¿Cuándo se puede llevar a cabo?
- ¿Es *suficiente*? ¿Resuelve el problema? ¿Satisface las necesidades de cada uno de una forma adecuada?
- ¿Es *justa*? ¿En qué se basa este juicio? Encuentra, si es posible, una medida objetiva y recoge la información pertinente de las opciones que se han creado. Te puedes basar en equivalentes. Se pueden considerar equivalentes

Evalúa cada opción: ¿Es factible? ¿Es suficiente? ¿Es justa?

como dinero, tiempo, beneficios o cantidad de trabajo. Te puedes también basar en algún precedente. Se pueden aplicar evaluaciones independientes del precio de mercado o ventas recientes. Te puedes basar también en el ahorro de tiempo o de dinero, como cuántas horas o cuánto dinero se puede ahorrar siguiendo una determinada sugerencia.

Puede ser importante considerar también tus derechos legales. ¿Qué dice la ley? Por ejemplo, ¿qué constituye una molestia excesiva cuando el problema es el ruido? La ética puede ser difícil de medir, pero ocupa una parte importante cuando se trata de determinar lo que es justo. Las medidas independientes pueden ser muy útiles cuando existen expectativas demasiado altas que se deben bajar a la realidad antes de llegar a un acuerdo.

PASO 3: Ejecución de las opciones

Ejecución de tareas: ¿Quién las hace? ¿Cuándo? ¿Y la revisión?

Muchos planes importantes fracasan porque no se desarrollan. Traza un plan formal o informal de los primeros pasos a seguir.

- ¿Cuáles son las tareas?
- ¿Quién hará cada tarea?
- ¿Cuándo se debe terminar cada tarea?

Planea los primeros pasos. Haz un plan. Si la solución os conviene a ambos, y habéis llegado a ella de común acuerdo, podéis confiar en que la otra persona llevará a cabo su parte del plan. Cerciórate de que cada uno entiende lo que tiene que hacer y fijad una fecha específica para volver a examinar el plan.

RESUMEN

Crea respuestas que contengan ganancias para todos.
PASO 1: Crear opciones.
1. Define el problema en función de las necesidades.
2. Cread opciones juntos.
3. Sé práctico. Considera:
    - La circulación de la información
    - Estructuras y procedimientos
    - Objetos y servicios

4. Libre expresión de ideas:
   • No debatas
   • No justifiques
   • No censures
5. Valores. ¿Qué es de poco valor para mí y de gran valor para ellos, y viceversa?
6. Dividir el problema. Divide el problema en partes más pequeñas y más fáciles de manejar.
7. Las mejores alternativas. ¿Cuál es la mejor alternativa si no nos ponemos de acuerdo?
8. Confrontación con las consecuencias. ¿Ayudará o hará más difícil la situación mencionar las alternativas?

PASO 2: Elegir las opciones
Evaluación:
   • ¿Es factible?
   • ¿Es suficiente?
   • ¿Es justa?

PASO 3: Ejecución de las opciones elegidas.
Tareas a realizar:
   • ¿Quién las hará?
   • ¿Cuándo se deben terminar?
   • ¿Cuándo se revisarán?

CAPÍTULO DIEZ

Negociación

Alguna vez has tenido que:

- ¿Pedirle un aumento de sueldo o tiempo libre a tu jefe?
- ¿Tratar con mucha gente que te pedía que hicieras varias cosas a la vez?
- ¿Comprar un aparato caro para la casa?
- ¿Decidir quién debía hacer las tareas domésticas?
- ¿Planear cómo vivirías con otra persona?
- ¿Pedir permiso para hacer una fiesta?
- ¿Decidir dónde ir de vacaciones?

Negociamos durante toda nuestra vida, intercambiando compromisos y promesas. Cuando dos personas necesitan llegar a un acuerdo y no existen condiciones claras, deben negociar. Los negocios consisten, como la palabra lo dice, en hacer

negociaciones: acuerdos de venta, compra o intercambio de mercaderías o servicios, etc. También las relaciones dependen de esto: trabajar o vivir juntos, planear quién hace esto y quién decide lo otro. Ocurre lo mismo con las relaciones entre países, con el intercambio de productos o con las disputas acerca de límites fronterizos.

Tómate un minuto para ubicar la negociación en el contexto de tu vida. ¿Cuándo negocias? ¿Qué parte de la negociación es más difícil para ti? Cuando una negociación no está teniendo éxito es fácil interpretarlo como una competencia en la cual una persona ganará y la otra perderá. Según nuestras tendencias naturales y la forma en que consideramos nuestro poder en relación con la otra persona, adoptamos los modelos de *lucha* o *huida* (véase el capítulo 4, *Asertividad adecuada*). Si adoptamos el modelo de lucha, lo más difícil será controlar nuestro temperamento. En el modelo de huida tal vez lo más difícil sea mantenerte firme y conservar tu posición.

El objetivo de una negociación no es por lo general salir vencedor, sino llegar a un acuerdo equilibrado que ambas partes consideren justo y por lo tanto respetable. Es poco probable que la lucha o la huida puedan lograr esto. Lo que se necesita es propósito, dirección, poder y flexibilidad.

PREPARACIÓN

¿Qué pasos prácticos pueden facilitar la negociación?

1. Recuerda, el conflicto es una oportunidad.

2. Estate siempre dispuesto a descubrir. La negociación es un rompecabezas del tamaño de la vida en el que uno crea las piezas. Busca las que puedan funcionar.

3. Libérate de las ideas preconcebidas que puedas tener acerca de las soluciones.

¿Cuáles son las necesidades? ¿Cuáles son los temores?

4. Para la mayoría de las negociaciones la preparación más efectiva es hacer un esquema de las necesidades y los temores (véase el capítulo 8, *Trazar el mapa del conflicto*). Los temores incluyen ansiedad, preocupaciones y esos «No me gustaría si...». Es útil cuando la negociación está basada en componentes psicológicos de personalidad, y casi siempre este es el caso.

¿Qué resultados quieres obtener?

5. Pregúntate: ¿qué quiero lograr? Si quieres lograr algo en particular, ¿qué necesidades, valores y consecuencias a largo

plazo estás considerando? No olvides incluir lo intangible, como reconocimiento, seguridad y buenas relaciones.

6. Estima la gama de resultados concretos que definiría lo que tú quieres lograr. Tendrás más flexibilidad si puedes fijar límites máximos y mínimos. Por ejemplo, nos gustaría ganar seis monedas y por menos de cuatro no vale la pena vender.

7. Ten listos los datos. Reúne toda la información, aunque muy raramente necesitarás mencionar todos los datos y la documentación que has reunido durante la preparación. Es como un examen: no sabes sobre qué tópicos lo examinarán.

Reúne la información

8. Trabaja en tu caso. Prepara respuestas concisas:
   (a) ¿Qué quiero? ¿Cuál es el punto que deseo exponer?
   (b) ¿A quién le estoy preguntando? ¿Le estoy hablando a la persona que puede tomar las decisiones? ¿Tiene esa persona una forma de actuar que yo debería tener en cuenta?
   (c) ¿Cómo se beneficiaría esta persona? Considera cuidadosamente cuáles son sus necesidades e intereses y cómo reconocerlos. ¿Qué tácticas e intereses podrían funcionar con ellos?
   (d) ¿Qué podemos intercambiar? ¿Qué puedo dar con facilidad que sea valioso para ellos? ¿Qué pueden darme ellos con facilidad que sea de valor para mí? (Véase el capítulo 9, *Crear Opciones*).

9. Trabaja con el caso de la otra persona también. Trata de pensar como ella piensa.
   (a) ¿Cómo defenderías su caso?
   (b) ¿Cuáles son sus opciones?
   (c) ¿Cuáles son las dificultades inmediatas?
   (d) ¿Cuáles son las consecuencias si dice «sí»? ¿Son aceptables? ¿Puedo nombrar las implicaciones posibles o cambiar el plan para evitar las consecuencias negativas?
   (e) ¿Cuáles serán los pasos a seguir si la otra persona está de acuerdo? Piensa los pasos a seguir por ella. ¿Se puede construir el plan alrededor de algo que le sea fácil hacer? Ayúdale a decir «sí» haciendo más fácil los pasos a seguir. Ten a mano la información que puedan necesitar (ofrece escribir la carta si es necesario).

Procura que sea fácil decir «sí»

En algunas negociaciones no hay tiempo para pensar. Por ejemplo, suena el teléfono y alguien te sorprende con un pedido. Casi siempre es necesario y aceptable explicar que se necesita reunir más información y que le llamarás más tarde. Tómate el tiempo que necesites para prepararte.

INTERACCIÓN

Primeramente, céntrate (véase el Capítulo 5, *El poder cooperativo*). No te olvides, ante todo, de respirar profundamente al principio; si estás ansioso, cálmate y profundiza el ritmo de la respiración. A continuación, comienza a crear una relación de confianza.

1. Recuerda las frases de apertura para crear empatía (véase el capítulo 3, *Empatía*), y utilízalas cuando sea adecuado.

Escucha el punto de vista de los demás y exprésales el tuyo

2. Sé paciente. Utiliza el método de la escucha activa.

3. Utiliza la asertividad adecuada para hablar de tus necesidades y el resultado que deseas obtener sin poner a los demás en una actitud defensiva.

4. Crea un clima en el cual ambos podáis ganar. Recuerda: en una negociación exitosa todos ganan.

5. Evita los resultados «Yo gano / Tú pierdes». Presentemos una parte del lenguaje de negociación: el juego de «suma cero». En este juego, si yo gano dos tú pierdes dos; si un pastel tiene un cierto tamaño y yo me sirvo las tres cuartas partes, a ti solamente te queda la cuarta parte; si una persona obtiene un ascenso, la otra persona ya no puede conseguir ese puesto. Así, el juego de «suma cero» obliga a utilizar el modelo competitivo «Yo gano / Tú pierdes»; algo que para los deportes está bien, pues la competencia es el desafío para lograr algo, pero para las relaciones personales y de negocios no es una buena táctica. Este juego está basado en la suposición de que no hay suficiente para que todos puedan obtener lo que quieren. Las personas pueden frustrarse cuando no consiguen lo que necesitan o tienen que defender sus derechos continuamente.

¿Puedes cambiar las perspectivas?

Algunas situaciones se parecen al juego de «suma cero», pero a veces se puede introducir un nuevo factor para cambiar la perspectiva. Por ejemplo, podemos ver mi película favorita o la tuya el sábado por la noche: ¡el juego de «suma cero»!; pero, podríamos ver una de las películas esta semana y la otra la semana próxima, y de este modo se amplía la perspectiva. Si te parece que alguien debe perder, cambia las perspectivas, los factores o las percepciones.

Si solamente una de las personas puede obtener el ascenso, la otra puede ampliar sus perspectivas y considerar cuáles son las ganancias para ella. Por ejemplo: ¿Qué aprendieron de la experiencia? ¿Qué oportunidades pueden explorar?

6. Sé claro y conciso. Muchas ocasiones propicias se han arruinado porque alguien le ha dado demasiadas vueltas al asunto y no lo ha expresado claramente.

7. No tengas temor de promocionarte a ti mismo. Defiende tus convicciones: los buenos planes funcionarán para las dos partes. Las personas tienen miedo a veces a pedir lo que realmente quieren. Verdaderamente, si la gente supiera lo que tú quieres tal vez por lo menos accedería a encontrar un término medio.

8. Expón tu caso considerando las necesidades de *ellos*. No actúes sólo en función de tu único interés.

HAZ PREGUNTAS

Hacer las preguntas apropiadas es un arte (véase el capítulo 3, *Empatía*). La pregunta correcta puede abrir o dirigir la negociación en otro sentido. Pero ¿cuándo debes preguntar?

9. Haz preguntas que dirijan la negociación. Por ejemplo, si sientes que la negociación no está tomando la dirección que quieres, puedes cambiarla con una pregunta bien formulada. Por ejemplo: «¿Nos está llevando este plan hacia donde queremos ir?».

Haz preguntas que dirijan la negociación

Si no estás seguro de lo que quieres hacer o decir, las preguntas te pueden hacer ganar tiempo para obtener más información. En lugar de tratar de suponerlo por tu cuenta, pregunta: «¿Qué más es importante para usted en esta situación?».

• Las preguntas específicas «cómo» o «qué» pueden aclarar los puntos mucho más efectivamente que las suposiciones. Cuando los demás se expresen en términos muy generales («Quiero lo mejor»...), pregunta: «¿Qué *sería* lo mejor para ti?»; no supongas que ya lo sabes.

• Cuando te encuentres ante una afirmación general como «Todos mis amigos tienen permiso para...», pregunta: «*¿Todos* tus amigos?». Cuestiona también las frases que contienen «siempre» o «nunca». Ante «demasiado caro», «mucho» o «demasiados» haz una pregunta que provoque una comparación. Por ejemplo, si te dicen que la instalación de aire acondicionado para la oficina es demasiado cara, pregunta: «¿Cara en qué términos?». Si es en términos de dinero, puedes hablar de los días de ausencia por enfermedad o el bajo rendimiento del personal debidos a las condiciones laborales inadecuadas.

• Cuando te enfrentes a afirmaciones rígidas como «No podré hacer eso», «Siempre lo hacemos de esta forma...», menciona lo que *es* posible. Las preguntas guían la mente, así que formula tus preguntas de forma que conduzcan a los demás a considerar otras posibilidades. Pregunta: «¿Qué se necesita para que esto sea posible?», en lugar de: «¿Por qué es imposible?». Cuando te enfrentes a un «no puedo», «no lo haré», «debo», «no debo», «debería», «no debería» reconoce las dificultades y luego haz preguntas guías, como por ejemplo:

(a) «No podré terminar el informe a tiempo.»
Pregunta: «Para poder hacerlo, ¿qué necesitarías?».
Podrías recibir la respuesta: «Bueno, si tuviera más ayuda o acceso a más información...».

(b) «Yo no debería armar tanto lío.»
Pregunta: «¿Qué podría hacerte más fácil abordarle?».

(c) «No haré lo que me pides, tu plan es inaceptable.»
Pregunta: «¿Qué debería tener el plan para que fuera más aceptable?».

(d) «No puedo ir a la reunión, soy muy tímido.»
Pregunta: «¿Qué se necesitaría para que te sintieras más cómodo en las reuniones?».

• Cuando te encuentres ante personas que no desean negociar, o que tratan de defenderse, pregúntalas qué les podría ayudar a tener mejor voluntad, interés o seguridad en la situación.

• Cuando te encuentres con demostraciones de emociones intensas, la tentación será tratar de defenderte, superarlas, justificar tu posición o ponerte firme. ¡Cuando sientas deseos de defenderte, no te defiendas! Casi siempre es mejor esperar hasta que te hayas calmado antes de responder. Sobreponte a la emoción. A veces es útil cambiar de posición físicamente: cambia tu posición corporal para indicar un cambio en la posición mental.

Cuando sientas que te pones a la defensiva, adopta la escucha activa

Haz preguntas utilizando la forma de escucha activa para poder saber las necesidades, prioridades y preferencias que son las bases del problema de la otra persona. Después haz una pregunta que dirija la interacción hacia un resultado «Tú ganas / Yo gano»: «¿Qué quieres realmente?»; «¿Cómo podemos arreglar esto?»; o «No he llevado esto tan bien como debería haberlo hecho, ¿hay algo que pueda hacer para remediar la situación?». Si es importante exponer tu propio caso también, utiliza una oración autoafirmativa después de que hayas reconocido la importancia de las necesidades insatisfechas de los demás. De lo contrario, las personas pueden interpretar la afirmación de tus necesidades como una negación de las de ellas. Si debes discutir, limítate al tema que están discutiendo, no introduzcas otros temas.

10. No utilices frases irritantes. Evita frases como: «Bueno, solamente estoy tratando de ser justo y razonable». Esto puede sugerir que estás queriendo decir que la otra persona no es justa y razonable.

11. Separa a la persona del problema. Sé duro con el problema y suave con la persona. Deja de lado el antagonismo y actúa como si fuerais colaboradores, enfrentando juntos el problema. Cuando sea posible, trata de enfatizar esto físicamente. Una pizarra o un papel en el cual ambos podáis escribir y leer os ayudará a poneros en una posición libre de confrontación: podréis entonces «tomarla» con lo escrito, en lugar de atacaros entre vosotros.

Sé duro con el problema, pero suave con la persona

12. Incluye el punto de vista de los demás. No necesitas estar de acuerdo con él, simplemente reconócelo. Por ejemplo: «Comprendo tu punto de vista»; «Desde *mi*

Sé duro con el problema, pero suave con la persona

punto de vista es así...»; o prueba: «Lo que me gusta de esa idea es esto, y mi preocupación es que...». Repara en: «*Y* mi preocupación».

Considera la forma en que se cierran las puertas cuando dices «pero»:

«Vamos a comer.»

«Me gustaría, pero tengo mucho trabajo.»

«Ah, bueno, tal vez en otra oportunidad.»

Por otro lado, las puertas se pueden abrir con «y»:

«Ven a almorzar conmigo.»

«Me encantaría... y tengo mucho que hacer.»

«Oh, ¿puedo hacer algo para ayudarte?»

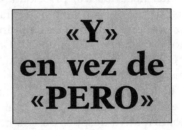

«Y» en vez de «PERO»

Absorbe las ideas, incluyéndolas, para tener una visión más amplia del total: «Sí, debemos tener en cuenta su punto de vista acerca de la seguridad en la fábrica. ¿Cómo podemos incluir esto en nuestro nuevo plan?».

13. Crea el clima para un acuerdo. Presta atención a los puntos en común. Áreas en que vuestros intereses, prioridades y preocupaciones coincidan. Habla más de los puntos con los que ambos estáis de acuerdo. Puedes comenzar desde el principio a detallar los puntos en común. Decidid cuánto tiempo durará la reunión, después puedes decir algo como: «Bueno, estamos de acuerdo con el horario, ahora continuemos con...».

   Si encuentras obstáculos, vuelve a los puntos en común. Cada vez que des un paso hacia el acuerdo, exprésalo.

   Algunos estudios han demostrado que los negociadores expertos hablan tres veces más acerca de los puntos en los cuales anticipan que se pondrán de acuerdo y de los puntos en común que los negociadores comunes. Esta técnica es particularmente útil durante una negociación entre partes que tienen muy poco en común y que previamente se habían considerado antagonistas. De vez en cuando, reitera que el objetivo es llegar a un acuerdo: «Veamos en qué etapa del acuerdo estamos».

14. Identifica las expectativas irreales. A veces la otra persona no sabe lo que es razonable o posible. Tal vez deberás informarla acerca del dinero, recursos, tiempo y condiciones. Si piensa que el servicio que quiere cuesta cien mil pesetas, se verá enormemente sorprendida si le pides el doble.
A veces también tus propias expectativas serán irreales. El hacer preguntas, tomarse tiempo para reunir más información y ser flexible, te ayudará a ajustarte a las expectativas. Parte de tu tarea es eliminar la diferencia que existe entre las expectativas de ellos y sus demandas. Tal vez necesites utilizar a la justicia (véase el capítulo 9, *Crear opciones*). Quizás puedes hablar de las horas que llevará hacer el trabajo o del costo de las piezas. Es mejor informarles primero *antes* de que comiencen las negociaciones; esto evitará que pasen vergüenza, entre otras cosas. Antes de que tu hijo te diga que quiere invitar a cien niños a la fiesta, dile que tú estás pensando en veinte.

15. Sé flexible. La negociación es un proceso de regateo: no se está negociando en absoluto si todo lo que se puede ofrecer es «acéptelo o rechácelo». Por lo tanto ten claro en tu mente una escala, desde lo que te gustaría obtener hasta lo que podrías aceptar. Puedes trazar un límite mínimo, pero aspira a obtener algo por encima de éste. ¡Sin un límite es fácil dejarse llevar por el entusiasmo y pagar demasiado!
Haz o pide una oferta razonable, y luego prepárate para negociar más. Por ejemplo, a un hijo adolescente: «Pienso que las diez y media es una hora razonable para regresar». ¡Tu hijo no estará de acuerdo si estaba pensando en las dos de la mañana; después de todo, es su primera fiesta! Tú tal vez terminarás por fijar una hora entre las once y medianoche. Su límite máximo sería medianoche. Sería fantástico si lo pudieras recoger e irte a dormir temprano.

Sé flexible y marca un límite mínimo

16. ¿Qué es culturalmente adecuado en la negociación? La diferencia entre la primera oferta y el precio a fijar depende de las costumbres. Algunos negocios tienen como norma nunca hacer descuentos. En el mercado a

veces se puede pedir descuento por ciertos artículos pero no por otros.

Algunas culturas (especialmente las asiáticas) acostumbran a regatear mucho los precios, subiéndolos y bajándolos; mientras en otras (por ejemplo, en la alemana) se piensa mucho antes de hacer una propuesta, pero a partir de ese momento se pueden cambiar muy poco las condiciones de la negociación. En algunas culturas se toman tiempo para establecer una relación entre las partes antes de hacer una negociación: se puede ofender a alguien si no se mantiene el nivel convencional de formalidad o informalidad. El hecho de dar regalos o sobornos necesita ser considerado dentro del contexto de la situación.

Los negociadores que resuelven conflictos consideran cuidadosamente hasta qué punto tener o no tener en cuenta las costumbres. Haz un estudio del medio cultural en que estás negociando.

Mantén tu meta, no necesariamente tu ruta

17. Mantén tu meta, no necesariamente tu ruta. Mantén en mente tu propósito a largo plazo y sé flexible acerca del modo en el que lo alcanzas. Por ejemplo, Roberto, un ejecutivo de promociones diseñó una campaña de publicidad excelente y se la presentó a su cliente, quien sin embargo, no estaba convencido. Roberto trató aún con más esmero de venderle su plan, pero no lograba llegar a ninguna parte, y la relación se estaba poniendo tensa.

¿Cuál era la meta a largo plazo de Roberto? Mucho más que venderle esta campaña en particular, él quería un cliente satisfecho que mantuviera una buena relación con la agencia. Se dio cuenta de que nunca lo lograría mientras el cliente no confiara en él, y que debía cambiar su táctica. Si se debía sacrificar una buena campaña para obtener un buen resultado a largo plazo, entonces debía ser así. Por tanto, comenzó a concentrarse más en las necesidades del cliente. La relación se hizo más cordial y el cliente comenzó a recuperar la confianza. Tanto es así, que en unas pocas semanas más aceptó con entusiasmo el plan original (con pequeños cambios para no quedar en ridículo).

Extrae la información de la respuesta que has recibido

Roberto casi había caído en la trampa clásica: «Si algo no funciona, haz más de lo mismo». Si se les dice a algunas personas que algo no funciona se pondrán a gritar, o si una línea de razonamiento no convence, siguen probando lo mismo una y otra vez.

18. No siempre las personas conducen las negociaciones razonablemente. Puede ser que hablen todo el tiempo, que sean descorteses, que te ignoren, que sean irónicos o que te hagan demandas irrazonables. Observa el diagrama para obtener algunas tácticas para resolver conflictos.

19. Toma apuntes. Muchas negociaciones requieren una cierta cantidad de reuniones. Algunas negociaciones pueden continuar durante años, por lo tanto es esencial tomar apuntes. Siempre toma tus propios apuntes, aunque otra persona esté transcribiendo las actas. Existe una enorme posibilidad de distorsionar o interpretar mal una conversación cuando se transcriben actas. Utiliza tus apuntes para comprobar la exactitud de las mismas y también para retomar la negociación en el punto en que se había dejado. Asimismo, utilízalos en la preparación para negociaciones similares.

20. Conoce cuándo detenerte:
    (a) Si las emociones se vuelven muy intensas, haz un descanso.
    (b) Si la situación llega a un empate suspende la negociación por un día o dos.
    (c) Si alguien utiliza una táctica heterodoxa que te deja en desequilibrio, tómate un descanso, ve al baño o hazte un café. Céntrate antes de responder.
    (d) Si un tema llega a aumentar la tensión, cambia la conversación.
    (e) Si piensas que se te está ocultando información, tómate un descanso, y habla con las personas individualmente.
    (f) A veces una negociación no tiene éxito, aun cuando lo has probado todo. Finaliza de alguna forma que haga posible regresar a la negociación en alguna otra oportunidad.

CIERRE

Evaluar el acuerdo. Estas preguntas podrían ayudarte a darte cuenta si el acuerdo ha funcionado:

* ¿Han elegido realmente las dos partes el contrato?
* ¿Resolverá el acuerdo, o por lo menos lo abordará, el problema?

ALGUNAS TÁCTICAS DE CONTRAATAQUE EN LA RESOLUCIÓN DE CONFLICTOS

Pregunta

Ignora algunos comentarios hositles

Cambia los comentarios hostiles

Escribe lo que se habla

Pide que lo expresen en forma positiva

Descúbreles la táctica demostrándoles que estás al tanto de ella

Habla con calma

Accede a hablar más tarde

Utiliza el humor

Cambia de táctica

Pide un descanso

Demuéstreme porqué eso es justo

«Repítame lo que me escuchó decir.»

«¿Podríamos tratarlo en privado?»

- ¿Pueden las dos partes realmente cumplir las promesas?
- ¿Es el acuerdo lo suficientemente específico acerca de cuándo, dónde, cómo y quién?
- ¿Es equilibrado? ¿Asumen las dos partes la responsabilidad de hacerlo funcionar?
- ¿Incluye el plan una evaluación?

Confirma tu acuerdo. En negocios informales, resume las decisiones que se han tomado. Siempre vale la pena leer juntos el acuerdo con la otra persona por si ésta entendió algo de una forma diferente. Escribe las condiciones. ¡Es sorprendente cómo puede fallar la memoria al cabo de seis meses!

En los negocios por lo general vale la pena documentar el acuerdo y hacer una copia para las dos partes. La documentación se puede hacer en forma de memorándum, factura, un intercambio de correspondencia o un contrato formal. En el hogar, es sorprendente lo útil que es colocar en la puerta del refrigerador un papel escrito con acuerdos importantes acerca de asuntos como la división de las tareas domésticas. El propósito de un contrato claro es prevenir conflictos futuros.

Los contratos claros previenen conflictos futuros

Cuando consigas llegar a un acuerdo, detente, reconócelo y ¡celébralo!

RESUMEN

Preparación

1. ¿Cuáles son las necesidades? ¿Cuáles son los temores? ¿Qué resultado se quiere obtener?
2. Reúne la información.
3. Trabaja sobre el caso de la otra persona tanto como sobre el tuyo.
4. Haz que sea fácil decir «sí».

Interacción

1. Escucha cómo ve la situación la otra persona.
2. En una negociación exitosa, todos ganan.
3. Evita los resultados «Yo gano / Tú pierdes». Si una persona debe perder, cambia la perspectiva.
4. No harás ningún daño con preguntar. Sé conciso y vé al grano. Haz preguntas para dirigir la negociación.
5. Separa a la persona del problema. Sé duro con el problema y suave con la persona.
6. Incluye las objeciones. Usa «y», en vez de «pero». Crea el clima para un acuerdo.

7. Sé flexible. Permanece al tanto de tu límite mínimo. Mantén tu meta, pero no necesariamente tu ruta. Cambia las expectativas irreales. ¿Qué es culturalmente adecuado para la negociación?
8. Extrae la información de la respuesta que has obtenido. Si algo no funciona, cambia la táctica.

El cierre

Los contratos claros previenen conflictos futuros.

CAPÍTULO ONCE

Mediación

La mediación puede formar parte de tu vida diaria. Con las técnicas de mediación tú puedes convertir las disputas de las personas en juego limpio. Es una oportunidad de poner en práctica las habilidades de resolución de conflictos descritas en este libro.

¿Existen conflictos a tu alrededor que necesiten ayuda externa? Si es así, ¿incluyen las siguientes situaciones?

- ¿Divorcio, especialmente si hay niños en el matrimonio?
- ¿Discriminación o acoso racial o sexual?
- ¿Disputas entre sindicatos y gerencias?
- ¿Dos organizaciones que están en conflicto?
- ¿Superiores y subordinados en una situación laboral?
- ¿Compañeros o miembros de un equipo?
- ¿Maestros, directores, estudiantes y padres?
- ¿Asuntos del medio ambiente?
- ¿Disputas entre parientes?
- ¿Entre amigos?
- ¿Entre vecinos?

La mediación significa intervenir entre las dos partes hostiles y ayudarles a llegar a una resolución. Un mediador aspirará a alcanzar un objetivo y adoptará una posición neutral. El papel puede ser asignado formalmente o informalmente.

Un mediador es un agente independiente del problema. Por lo general los mediadores no se involucran directamente, al margen del intento de transformar a los contrincantes en *compañeros*. El mediador no solamente se asegura de que cada parte exprese su punto de vista, sino también de que se escuchen entre sí, y anima a ambas a buscar soluciones que puedan satisfacer a todos.

El mediador ayuda a ambas partes a lograr lo que necesitan

Existe una amplia variedad de procedimientos de resolución de conflictos cuando las personas involucradas en una disputa necesitan ayuda. En este capítulo enfatizaremos la mediación, pero es importante recordar que existen otras alternativas que ofrecen más o menos control sobre el proceso y los resultados. La gama de alternativas varía desde el veredicto de un juez hasta la completa autodirección.

PROCEDIMIENTOS DE RESOLUCIÓN DE CONFLICTOS

Con una tercera persona

- Decisión: la tercera parte oye el caso; toma una decisión que se debe cumplir. Una práctica común en procesos administrativos y en la educación de los niños. *Sistema de tribunales y arbitraje.*

- Recomendación: la tercera parte recolecta información sobre los hechos y los argumentos; hace una recomendación de peso. No es impositiva, invita al compromiso. *Conciliación.*

- Intermediación: la tercera parte ve a las partes en disputa por separado; lleva y trae ofertas y opciones a las partes; a veces hace sugerencias; tiene mucho poder para informar selectivamente. *Diplomacia de intermediario. Conciliación.*

Control

- Controlador del proceso: la tercera parte tiene control estricto sobre el proceso, pero no sobre el contenido; se abstiene de decidir o recomendar; ayuda a las partes a identificar los asuntos y opciones y a llegar a una resolución mediante un acuerdo que satisfaga las necesidades de ambos. *Mediación.*

- Asistencia en el proceso: la tercera parte reúne a los participantes y proporciona los medios; dirige a las partes hacia el uso de un procedimiento determinado de resolución de conflictos. *Facilitación. Conciliación.*

- Consejo sobre el contenido: uno de los participantes consulta a un experto en un campo determinado; por ejemplo, un experto en propiedades o un corredor de bolsa. El experto aporta información sobre los procedimientos efectivos. *Asesoramiento de un experto.*

Con el participante

- Asesor del proceso: un participante consulta a un experto en resolución de conflictos y mediación para que lo ayude a presentar bien el caso. *Asesoramiento en resolución de conflictos.*

- Autodirección: ambas partes trabajan directamente intercambiando promesas y compromisos para resolver los desacuerdos. *Negociación.*

MEDIACIÓN FORMAL E INFORMAL

Las estructuras formales que funcionan en nuestra sociedad ofrecen la mediación (cuando las personas con disputas tienen el poder de decisión) como alternativa, en lugar de utilizar métodos legales y otros métodos tradicionales de resolver las disputas. Los servicios de mediación se ofrecen ampliamente en los Estados Unidos y Canadá, y se están utilizando también en otros países (1). Algunos de estos países ofrecen servicios de mediación en diversos centros para casos tales como disputas entre vecinos, parientes, propietarios e inquilinos, y otras personas cuyos problemas no se pueden solucionar utilizando medios convencionales. Algunas organizaciones ofrecen también servicios de mediación en la industria, como un medio más rápido, más justo y definitivamente más económico que los métodos legales tradicionales.

La mediación puede ser un proceso muy simple, pues hasta niños de siete años lo pueden aprender en las escuelas. Cuando los adolescentes adquieren estos conocimientos, los pueden utilizar para resolver problemas con sus compañeros. Muchas escuelas han descubierto que el estado de ánimo mejora y que los problemas de disciplina disminuyen cuando se introducen programas de mediación. Por lo general un consejero o un maestro actúa como coordinador.

Muchas personas adquieren los conocimientos de resolución de conflictos porque desean ayudar a los demás; como personas de buena voluntad, se dan cuenta de que los conflictos que no se han resuelto son destructivos y quieren mejorar la situación. Tú podrías encontrarte en una situación de conflicto en los casos siguientes:

1. Asesoramiento en un conflicto. ¿Cuántas veces tus amigos o colegas te han consultado cuando tenían un conflicto con otra persona? Estas son oportunidades para asumir el papel de asesor de conflictos y para ayudar a encarar constructivamente la situación utilizando el enfoque «Tú ganas / Yo gano». Resiste la tentación de decirles lo que deberían hacer. Cualquier sugerencia se deberá ofrecer como una opción, no como imposición. Permíteles la libertad de hacer algo totalmente diferente si lo desean. No caigas en la trampa dándoles la razón acerca de lo horrible que es la situación y cuánta razón tienen. No conviertas a los enemigos de los demás en tus enemigos. Aun cuando pienses que *tienen* la razón, si se demuestra, les darás «permiso» para perma-

Resiste la tentación de corregir; ofrece opciones, no imposiciones

necer en esa situación. Casi siempre les podrás ayudar a progresar ayudándoles a mirar en otra dirección y ver cómo pueden cambiar la situación.

2. Mediación informal. ¿Cuándo es probable que haya mediación? Primeramente, se necesita tener la certeza de que las personas que están en un conflicto no lo están solucionando bien por sí solas y necesitan ayuda externa. Debes también estar motivado y debes ser capaz de ayudar en el momento que *necesitan* ayuda. Es mejor que no tengas ningún otro interés aparte del deseo de lograr un resultado exitoso para las dos partes.

En una mediación informal desearás resolver el conflicto rápidamente si éste te presenta problemas a *ti*, en tus relaciones laborales o diarias. A veces puedes ser invitado por las dos partes como un mediador informal, o te puedes ofrecer; a veces puedes trabajar directamente con una sola parte por vez; y ¡a veces la situación puede ser tan informal que tú estarás mediando sin que las otras partes se den cuenta siquiera!

LA EXPERIENCIA DE MARGARITA

Estaba haciendo la cola para comprar un billete en la estación y era casi la hora de la llegada del tren. El anciano que estaba delante de mí pedía la devolución del dinero de un billete que no podría usar, pero el empleado continuaba diciéndole que debía presentar el billete. El anciano asentía con la cabeza y decía «sí», pero le repetía la devolución: estaba sordo. El empleado se estaba enfadando, y continuaba repitiendo «presente su billete», en voz cada vez más alta. Sin embargo, el anciano continuaba asintiendo y no se movía. La cola se hacía cada vez más larga y el tiempo apremiaba.

Aunque yo sentía deseos de gritar, respiré hondo, me centré, y pensé en el enfoque «Tú ganas / Yo gano». Le pregunté al empleado: -¿No sería mejor si se lo escribiera?

—No —dijo—. No comprendería.

—Tal vez podría haber alguien a quién él se lo podría llevar para que lo leyera —dije, presentando otra opción. El empleado gruñó, le escribió las instrucciones y el anciano se fue. Mientras compraba mi billete le pregunté al taquillero: «¿Cómo se siente cuando pasa algo así?» El empleado expresó brevemente su frustración, se tranquilizó un poquito, y dijo: «Oh, debe ser difícil para el anciano. ¿Cómo se sentirá al final del día?».

Margarita había apoyado a las dos personas. Escribir las instrucciones fue la mejor opción para el anciano y el empleado. También consiguió que se moviera la cola y que la atendieran.

Habrá momentos en que las emociones se intensificarán y tus propios métodos de resolver problemas llegarán a un punto neutro. En ese momento un mediador será tu paso más constructivo. La vida está hecha de círculos que giran siempre, un día podemos ser mediadores, y otro necesitar nosotros mismos un mediador. A través de todas estas experiencias e intercambios aprendemos y crecemos. La mediación es un proceso que nos podemos ofrecer unos a otros, si confiamos en su efectividad.

PREPARACIÓN

No es necesario que te inviten a actuar como mediador; tú puedes sugerir esta posibilidad de una forma informal: «Se que ambos estáis en conflicto. A veces es mejor tratar estos asuntos con alguien que os ayude a encontrar una dirección. Me gustaría ayudaros a que os dirijáis en una dirección que beneficiaría a ambos. Mi contribución sería reunirme con vosotros y ayudaros a que esto suceda. Os apoyaré a los dos y seré imparcial. No podré presentaros soluciones o juicios y haré el máximo esfuerzo para ser objetivo».

Una de las partes puede también aplicar este concepto para animar a la otra persona a participar en la mediación.

Convierte a tus contrincantes en compañeros para resolver los problemas

Es común que solamente una de las partes busque mediación, la otra parte o partes solamente tienen que estar de acuerdo en utilizarla. Cuando se ha hecho el acuerdo, decide la hora y el lugar. Tu meta será convertir a los contrincantes en compañeros para solucionar el problema.

MEDIACIÓN SIMPLIFICADA

1. Haz tus acuerdos:
Como mediador necesitarás presentar y explicar tu papel.
Estos son algunos de los puntos que deberás tener en cuenta:
- Estamos aquí para resolver un problema.
- Prescindir de acusaciones.
- Prescindir de excusas.
- No se podrá interrumpir.
- Se deberá decir la verdad.

2. Escucha a todos:
- Cada persona presentará su punto de vista, mientras los demás escuchan.
- Cada persona repetirá lo que se ha dicho para asegurarse de que todos lo entendieron.
- Cada persona dirá cómo se siente.

3. Resuelve el conflicto:
- Cada persona explicará qué se necesita para llegar a un acuerdo.
- El mediador ayudará a ambas partes a llegar a un acuerdo justo.
- El acuerdo puede ser escrito y firmado por cada persona.

Demuestra que existe una forma mejor de salvar las diferencias

Un buen comienzo para aprender a mediar es un repaso de los conocimientos de resolución de conflictos que se detallan en este libro. ¿Cómo se pueden aplicar estos conceptos en el contexto de la mediación?

LAS HABILIDADES PARA LA RESOLUCIÓN DE CONFLICTOS

Quizás tú tal vez estés comprobando la efectividad de estos conocimientos en tu propia vida, de manera que como mediador puedes demostrarles a los demás una forma mejor de resolver los desacuerdos. El proceso de mediación se convierte entonces en una experiencia de aprendizaje y desarrollo. Lo que se aprende del mediador se puede poner en práctica en situaciones futuras de conflicto.

Para lograr interacciones efectivas el mediador utiliza todos los conocimientos de resolución de conflictos, tal como se detallan a continuación:

1. *El enfoque «Tú ganas / Yo gano».-* Crea la atmósfera para que ambas partes encaren el problema juntas.

2. *La respuesta creativa.-* Tal vez necesites guiar a los protagonistas desde la desesperación hacia una búsqueda de oportunidades. El conflicto puede esconder posibilidades inexploradas. Convierte en positivos los comentarios negativos. Por ejemplo: «Podría ser muy útil que este desacuerdo haya aparecido, es una oportunidad espléndida para pensar en nuevas direcciones. Veo que este problema les permitirá acercarse más».

3. *Necesitas empatía.-* Ser neutral significa que trabajarás para lograr los mejores resultados para ambas partes. Demuéstrales que las estimas a las dos. Analiza la falta de empatía en los demás. Estimula el uso de la escucha activa, proporcionándoles el ejemplo.

4. *Actúa con la asertividad adecuada.-* Estimula lo mismo en todos los participantes del conflicto. Utiliza, y anima a que los otros lo hagan, las frases autoafirmativas. Si te sientes incómodo con lo que se ha dicho, prueba: «Me siento incómodo con la última afirmación», o: «Tal vez no he explicado bien el proceso, pienso que podría funcionar mejor si...».

5. *Dirige a los participantes hacia el uso cooperativo del poder.-* Tu papel como mediador es muy poderoso y puede ayudar, especialmente si una de las partes está presionando a la otra. Necesitarás:

(a) Neutralidad activa, equilibrando el poder de ambas para darle a las partes igual cantidad de tiempo para hablar, hacer preguntas y presentar información que podría ser importante.

(b) Poder personal.- Comienza por centrarte. Esto te ayudará a sentirte más seguro de que harás lo que sea más adecuado. Puedes ayudar a los participantes con tu poder personal animándoles a asumir responsabilidad y a elegir acciones positivas. Haz preguntas como: «¿Qué se puede hacer?» «¿Qué podría lograr un resultado positivo?».

6. *Manejar las emociones.-* Es una habilidad muy valiosa para la mediación. Mantenerse tranquilo depende de ti. Dirige a los participantes de manera que no nieguen sus emociones pero sin que se dejen llevar por ellas. Permite que los sentimientos se expresen sin culpar a la otra parte. Reconoce abiertamente las emociones importantes de los participantes: «Veo que esto te disgusta mucho...».

7. *Un mediador, obviamente, tiene el deseo de resolver.-* Crear este deseo en las partes en conflicto, no obstante, puede ser un gran desafío.

8. *Dirige la exploración de las necesidades de todos los participantes haciendo un mapa del conflicto.-* Dirige el proceso (pero no el contenido) y actúa como secretario de actas.

9 *Inicia una fase de creación de opciones.-* Si tú enriqueces tu vida creando opciones, tendrás ya la habilidad de ayudar a ambas partes a crear más opciones para ellas mismas. Identifica cualquier información nueva en la sesión que pueda ayudar a crear nuevas opciones. Pide sugerencias. Organiza

---

Un jeque del desierto murió, dejando sus diecinueve camellos a sus tres hijos. Le dejó la mitad de los camellos a su primer hijo, la cuarta parte al segundo, y la quinta parte al tercero. Como no era una división exacta, los hijos nombraron un mediador, quien llegó en su camello. El mediador evaluó la situación y agregó el suyo a la herencia... Tenían ahora veinte camellos. El primer hijo recibió la mitad (diez camellos), el segundo la cuarta parte (cinco) y el tercero la quinta (cuatro). Esto sumó la cantidad de diecinueve, que era lo que había quedado como herencia, dejando al mediador con el camello en el que había llegado. Este montó en su camello y se fue.

Si tú hubieras sido el mediador, ¿pensarías que se había hecho justicia? ¿O tal vez habrías hecho otras preguntas difíciles como: ¿Y qué sucede con las hijas del jeque...?

una sesión de libre expresión de ideas. No tomes demasiado pronto como definitivas las sugerencias que se han hecho.

10. *Las habilidades efectivas de negociación* son de un gran valor en la mediación. Tu orientación, que animarás a los participantes a utilizar, será la de ser duro con el problema pero suave con la persona. Cambia los «pero» en «y». Cuando construyas la visión global incluye las objeciones.

LOS PASOS EN LA MEDIACIÓN

Al comienzo

1. La distribución de los asientos es importante. Es mejor que los contrincantes no se sienten en lugares opuestos.

2. Coloca una pizarra o una hoja grande de papel y lápices para hacer un esquema o para anotar aspectos importantes del problema.

3. Decide cuánto tiempo utilizarás. ¿Cuánto demorará la reunión? Trata de lograr el compromiso de todos de quedarse hasta el final. Si te parece que no terminará en una sesión puedes planear sesiones futuras al comienzo de la reunión o al final.

4. Explica el papel del mediador. Enfatiza que no juzgarás la situación. Tu tarea es ayudar con los procedimientos: los participantes se harán cargo del contenido.

   Tú diriges el proceso. Ellos se harán cargo del contenido

5. Para lograr que las personas sean más abiertas, puedes ofrecer respetar la información confidencial. Los mediadores profesionales normalmente hacen esto. Los participantes podrán elegir hacer o no hacer un acuerdo similar.

6. Asegúrate de que los procedimientos y los acuerdos sean claros desde el principio y que todos estén de acuerdo con ellos. Pregunta si alguien quiere agregar algo más. Los acuerdos pueden volver a negociarse o se les puede agregar más información en cualquier momento, si las partes así lo desean.

7. Una o ambas partes pueden haber asistido a la mediación sin desearlo. Necesitas cerciorarte de que por lo

menos están dispuestos a darle una oportunidad al proceso. La dedicación a él podrá aumentar si reconocen al principio o al final de la sesión que el proceso pudo haber sido o ha sido útil. Asegúrales que sus dudas son normales.

Permítele a cada uno expresar su propia perspectiva

8. Ponte de acuerdo con las dos partes en que usarán frases autoafirmativas. Pídeles que comiencen las frases con: «Según mi experiencia...», «Desde mi punto de vista...», «Mi opinión es que...», de manera que todas las afirmaciones sean vistas desde un contexto o perspectiva personal, y que no sean presentadas como hechos indiscutibles o generalizaciones. Los participantes deben evitar acusar o interpretar la conducta de la otra parte. Por ejemplo, «Pones el volumen de la música alto solamente para molestarme» debería decirse de este modo: «Cuando el volumen de la música está alto me resulta difícil estudiar y me molesta muchísimo». Pide a los participantes que hablen del problema que tienen.

9. Encuentra el punto central. Es por lo general útil al comienzo de la mediación identificar las áreas generales en las cuales las partes quieren lograr un acuerdo. Para una sesión de mediación existen dos puntos centrales:

(a) El futuro.- Este es el punto más común. El pasado se considera terminado y la discusión se debe dirigir rápidamente lejos del enfrentamiento antiguo y del enojo a: «¿Qué hacemos ahora?». Concentrándose en un punto futuro las personas que han adquirido las habilidades para resolver conflictos pueden mediar bien. En la mayoría de las situaciones laborales las mediaciones que se enfocan en el futuro son las más adecuadas y efectivas. Muchas agencias profesionales de mediación solamente dirigen mediaciones enfocadas en el futuro.

(b) Pasado.- A veces se necesita resolver los conflictos del pasado. Ambas partes necesitan resolver los sentimientos acumulados y la única forma de abordar el desacuerdo presente es volver a examinar viejos temas. El pasado todavía hiere y los malentendidos pueden bloquear las relaciones presentes. Estas «limpiezas» se necesitan comúnmente en las relaciones íntimas. Se necesita asesoramiento emocional especializado y es mejor dejarlo en las manos de un terapeuta.

LA ANÉCDOTA DE CAROLINA

Recientemente observé, sin poder hacer nada, cómo dos de mis amigas más íntimas cortaban su relación. Frecuentaban los mismos círculos sociales y de negocios, asistían a los mismos eventos y terminaban enfadadas con mucha facilidad. Era muy incómodo para los que las rodeaban y para ellas mismas. Al final llegó a ser un problema tan grande que una de ellas no asistía a una reunión si se enteraba que la otra también había sido invitada. Finalmente, no pude soportar más ver esta situación y me ofrecí como mediadora.

Una semana después nos reunimos en territorio neutral (¡la playa!); hicimos acuerdos acerca de cómo actuaríamos y fijamos un límite de tiempo. El propósito de la mediación era llegar a un acuerdo de cómo deberían comportarse en las situaciones sociales.

Después les dejé un tiempo para hablar, controlando que la otra escuchara sin ponerse defensiva. Después de un rato, se suavizaron un poquito, mientras reconocían los buenos momentos que habían pasado al margen de las dificultades del presente. Luego acordaron que cuando se encontraran en acontecimientos sociales se saludarían de forma especial en reconocimiento de su relación anterior, pues recientemente se habían ofendido mutuamente al no saludarse.

Se pusieron de acuerdo en que después de saludarse se mantendrían a una distancia amistosa por un tiempo. Existía todavía mucho enfado y resentimiento entre ellas y necesitaban más tiempo de curación antes que se desarrollara más la amistad. No era mi programa ese día explorar las dificultades que las habían llevado a separarse. Nos habíamos reunido para explorar lo que se podía hacer ahora. La orientación estaba en el futuro. Era suficiente que cada una se sintiera cómoda en las reuniones: ninguna tendría que privarse de ir porque la otra había sido invitada.

10. Cerciórate que las partes participen por igual. No es importante quién comienza, siempre que quede claro que ambas tendrán la oportunidad de expresar sus puntos de vista. Al principio, y durante todo el proceso, asegúrate que ambas partes tienen oportunidad de expresarse y que realmente se están escuchando.

Durante el proceso

Mantén el proceso en marcha. El destino es «Tú ganas / Yo gano». Recuerda que debes crear una atmósfera de seguridad donde cada parte pueda abandonar sus defensas, abrirse y tener el deseo de cambiar, dar, compartir, examinar, reconsiderar y examinar el problema en conjunto. A veces el proceso fluirá sin que se necesite intervenir demasiado. Otras veces tendrás que recurrir a «la caja de herramientas» útiles para el mediador.

Haz un mapa del conflicto cada vez que sea posible

1. *El hacer un mapa* es una «herramienta» excelente, pues los participantes pueden comprender las necesidades de cada uno y encontrar factores que cambien el panorama y que abran posibilidades.

2. *Resumir* los puntos principales es útil para todos. Reafirma los mensajes principales usando un formato que cree opciones. Por ejemplo: «No estás contenta con la situación, y te gustaría encontrar formas de mejorarla». Para evitar un monólogo, resume el tema, confirma que te han comprendido correctamente y haz una pregunta que impulse a los participantes a continuar la conversación.
    A veces puede ser útil, después de que una persona haya hablado, animar a la otra (u otras) a resumir con precisión lo que se ha dicho antes de responder. Esta técnica es útil especialmente cuando una de las personas cambia significativamente su actitud o hace una concesión. Generalmente las personas no absorben la información que les pueda cambiar la percepción que tienen de la otra persona o de la situación. Cuando las emociones se intensifican es útil pedirle a la otra persona que «refleje» lo que se ha dicho antes de explicar cómo se siente.

Destaca los puntos en común

3. *Define los puntos en común* con los cuales ambas personas están de acuerdo, o sus necesidades similares. Por ejemplo, «Ambos desean lo mejor para los niños».

4. *Ofrece sugerencias solamente si las puedes hacer aparecer como una opción y no una obligación.* Por ejemplo: «Sé que en una situación similar una pareja resolvió un problema financiero abriendo una cuenta de ahorros a nombre de los dos a la cual contribuían por partes iguales, además de tener las propias cuentas de ahorro separadas. ¿Qué les parece esto?».

5. *Permite que haya momentos de silencio.* Esto les da a todos tiempo para pensar e integrar ideas.

6. *Ofrece descansos*. Cuando las emociones se intensifican es una buena idea hacer un descanso de diez o quince minutos para que cada persona pueda caminar. Cualquiera que sea el clima emocional, si han estado reunidos durante más de una hora y media todos apreciarán un descanso.

7. *Orientación futura*. Pídele a cada parte que defina su visión del resultado que desea obtener. Pregunta: «¿Cómo les gustaría que fuera?»; «¿Cómo sería si todo estuviera funcionando bien?». Para las mediaciones enfocadas hacia el futuro, el pasado es importante únicamente cuando ofrece la información necesaria para tomar decisiones en el contexto actual. Enfatizar la orientación futura puede detener vilipendios, acusaciones y resentimientos pasados.

8. *Orientación positiva*. Si alguien insiste en lo que no quiere, pregúntale qué es lo que quiere.

9. *Orientación hacia la acción*. Las preguntas que pueden motivar a las personas a actuar pueden incluir: «¿Qué puede hacer usted para lograr el resultado que quiere?» o «¿Hacia dónde nos dirigiremos ahora?».

   Podrías designarles tareas para hacer en el hogar. Un mediador muy eficiente que trabajaba con una familia con problemas que incluía una adolescente, pidió a ésta que llevara un diario, anotando el día, la hora y el tópico de las riñas de sus padres. Los padres tenían sus propias tareas, pero sabían que serían observados por la hija. Esto animó a la chica a salir de su aislamiento y a participar en las soluciones. Llevando a cabo la tarea demostró que estaba preparada a participar en la terapia.

   Un mediador preparado puede tener un repertorio de actividades eficaces para aplicar cuando se encuentra con problemas habituales.

10. A veces puedes usar una pregunta para reformar el concepto que ha creado el conflicto (véase el capítulo 10, *Negociación*).

ANTÍDOTOS AL CONFLICTO

Generadores de conflictos	Preguntas que lo reforman
¡Tonto! (y otros insultos).	¿Qué necesitas? ¿Cómo lo podemos remediar?
Yo tengo razón, tú (o ellos) están equivocados.	¿En qué difiere tu punto de vista respecto al de ellos?
No lo haré...	¿Qué podría hacerte cambiar de idea?
Es un fracaso.	¿Cómo podría funcionar? ¿Qué podría mejorarlo?
¡Él (ella) no sirve para nada!	¿Qué es lo que están haciendo bien?
Yo (ellos) deberían tendrían/deben...	¿Elegirías tu (o ellos) esa opción?
Demasiado/mucho/poco/ pocos...	¿Comparado con qué?
Ellos siempre...	¿Ha habido alguna circunstancia en que no han actuado así?
No quiero...	¿Qué es lo que quieres que suceda?
No puedo...	¿No puedes? ¿O no puedes encontrar la forma de hacerlo? ¿Qué pasaría si lo hicieras?
Él (ella) nunca...	¿Cómo podríamos encontrar una forma para que sucediera?
Es imposible.	Pero si fuera posible, ¿qué se necesitaría?

11. *Normaliza las experiencias* que la persona considera extraordinarias o atroces. Por ejemplo, un participante puede acusar: «Ella ni siquiera me ha hablado», y tú

puedes decir: «No es extraño en este tipo de desacuerdos que se necesite un período de enfriamiento en que las partes no se hablen». O si alguien se retira de la mediación porque la otra persona se comportó con brusquedad, puedes decir algo como: «Todos reaccionamos así a veces»; «¿Podemos volver y probar de nuevo?».

12. *Ayuda a crear nuevas perspectivas.* Por ejemplo, se le puede decir a un ex-cónyuge que no ayuda mucho con los niños: «¿Qué pasaría si ganaras en los tribunales la custodia de los niños? ¿Cómo sería la vida para ti?». Pídele al protagonista que prepare un escenario que sitúe a la persona en el lugar de la otra o en una situación «¿cómo sería si...?». Pregunta cómo sería, invítales a reconsiderar actitudes rígidas o estrechas. Se podría pedir a alguien que no fuma que considere cómo se sentiría si él fuera adicto a los cigarrillos.

Mirar las cosas desde el punto de vista opuesto quiebra la forma de pensar rígida

13. *Clarifica y reconoce las diferencias* de valores, estilo personal y puntos de vista. Por ejemplo, «Para ti, Juana, la forma de vestir tradicional es muy importante pero Pedro necesita expresar su individualidad en la forma de vestirse»; «Se comprende que después de cenar lo más importante para María es lavar la vajilla, mientras para ti, Juan, es relajarte»; «Alicia, tú eres de naturaleza reservada y Sara es muy expresiva, probablemente tendréis que ser flexibles de manera que podáis encontrar un término medio».

Respeta las diferencias individuales

14. *Equilibrar la insatisfacción.* A veces, como en el caso de un divorcio difícil, se llama a un mediador cuando ya las emociones se han vuelto muy intensas y la enemistad ha crecido desproporcionadamente de forma que ninguna de las partes quiere que la otra gane. En realidad, cada una quiere que la otra persona sea castigada. A lo sumo, el mediador puede aspirar a que las dos partes terminen igualmente insatisfechas con el acuerdo. Mientras a la otra parte no le vaya demasiado bien, las concesiones que cada uno tenga que hacer serán más aceptables. Estos resultados no le brindarán al mediador demasiada satisfacción, pero como último recurso tal vez solucionen el problema y den a las dos partes la oportunidad de continuar con sus vidas.

Equilibra la insatisfacción entre las partes que pretenden castigarse

Al finalizar

Tendrás que terminar la sesión por lo menos con algún acuerdo entre las dos partes. Tal vez decidan volver a encontrarse. Les puedes asignar o recordar tareas que estén dispuestos a realizar.

1. Resume, y siempre que sea posible, escribe los acuerdos de cada parte. La gente considera estas notas muy importantes, pues les proporcionan algo concreto que se pueden llevar y les sirven como referencia futura.

2. Les puedes pedir que fijen una escala para medir los cambios efectivos. Puedes incluir cuántas discusiones han tenido durante la semana; cuánto tiempo se ha necesitado para terminar un trabajo; la cantidad de tiempo que han pasado comunicándose durante la semana; el número de salidas con la familia en un mes; o cuántas veces o con cuánta frecuencia ha vuelto a ocurrir la situación que se está tratando (por ejemplo, ruidos). Pídeles que fijen una fecha específica para evaluar cómo se progresa, qué está funcionando y qué necesita un reajuste. Pídeles que describan cómo corregirían un problema si las cosas no funcionaran como se espera.

3. Después de que hayas terminado la mediación, reconoce la participación y contribución de cada parte.

4. ¡Celebra! Los participantes se pueden dar un apretón de manos, compartir una comida o darse un abrazo. Tú, el mediador, puedes unirte a ellos si lo deseas.

Si bien se debe tener en cuenta que existen víctimas genuinas que necesitan ser protegidas del peligro, la explotación y la injusticia, los mediadores deben ser conscientes de la tentación de jugar el papel de rescatador. La práctica te ayuda a conducirte entre estos peligros.

La mediación es un recurso valioso para cualquier comunidad: todos se pueden beneficiar con una educación e información sobre este tema. Además, la mediación no es un proceso elitista que solo puede ser ofrecido por profesionales. El proceso es una ampliación natural de los conocimientos de resolución de conflictos. La mediación transforma a los contrincantes en compañeros para resolver problemas.

RESUMEN

El mediador ayuda a las dos partes a lograr lo que necesitan. El proceso demuestra cómo las habilidades de resolución de conflictos aportan una forma mejor de resolverlos.

Pasos en la mediación

Al comienzo: Distribuye los asientos, prepara los apuntes y haz un acuerdo sobre el tiempo. Explica tu papel: tú diriges el proceso, los participantes son responsables del contenido. Propón compromisos, el uso de frases autoafirmativas, el enfoque y la participación de todos.

Durante el proceso: Haz esquemas, resúmenes y permite momentos de silencio. Define el terreno común. Presenta las sugerencias como opciones, no como direcciones. Permite que haya momentos de silencio y de descanso. Mantén las orientaciones dirigidas hacia el futuro, positivas y dirigidas a la acción. Utiliza las preguntas para definir los conceptos que crean conflictos. Normaliza las experiencias. Crea nuevas perspectivas pidiendo a los participantes que hablen acerca de sus puntos de vista opuestos. Reconoce las diferencias. Equilibra las insatisfacciones cuando los participantes solamente quieren castigarse.

Al final: Haz acuerdos. Escríbelos. ¿Cómo pueden medir los cambios efectivos? Pídeles que fijen una fecha para evaluar el progreso. ¡Reconoce la participación y celébralo, te lo mereces!

La mediación transforma a los contrincantes en compañeros para resolver problemas.

CAPÍTULO DOCE

Ampliar las perspectivas

El enfoque «Tú ganas / Yo gano» ofrece una visión más amplia que el enfoque limitado «Yo gano / Tú pierdes», el cual sin embargo se utiliza con más frecuencia. Muchos conflictos se pueden resolver adoptando la perspectiva más amplia «Yo y Tú», en vez de «Yo o Tú». Sin embargo, aun esta visión es insuficiente para resolver el problema con éxito. Necesitamos una visión global.

«La Teoría General de Sistemas ... ve al universo como una jerarquía de materia y energía. Según esta teoría nada se puede comprender aisladamente; todo forma parte de un sistema. Un sistema se define a grandes rasgos como un juego de unidades que se relacionan y que interactúan entre sí. Los sistemas pueden ser abstractos, como los sistemas matemáticos y metafísicos, o concretos, como los sistemas telefónicos o de transporte.

»Una de las ramas de la Teoría General de Sistemas estudia especialmente los sistemas vivientes... Todos los sistemas vivientes se componen de subsistemas que toman, procesan y producen materia, energía o una combinación de todo esto».[1]

Imagina que el planeta es un reloj gigante con millones de piezas pequeñas y grandes interactuando entre sí, y tendrás una imagen aproximada de la teoría de sistemas. Esta teoría constituye la base de muchas prácticas de administración de empresas y se utiliza para hacer pronósticos, y para proporcionar asesoramiento sobre el futuro.

La ampliación de posibilidades consiste en darse cuenta de la interconexión de todas las cosas y en ser consciente de la existencia de un sistema más amplio que el inmediatamente aparente que se percibe cuando solamente se consideran las necesidades individuales.

Si reconocemos que estamos funcionando en un medio de sistemas interactivos abiertos y vivos, ¿qué perspectiva podemos buscar para resolver los conflictos?

Es liso, es un automóvil

Es áspera, es una pared de piedra

Tiene pelo, es una cuerda

Necesitamos una visión global. Considerar solamente una pieza (solo un individuo o grupo) es aceptar una visión demasiado estrecha del sistema social.

La utilidad de hacer un esquema reside en considerar las necesidades de otros grupos tanto como las de los protagonistas principales. El delegado sindical que tenga como único propósito poner más dinero en el bolsillo de sus miembros ha olvidado algunos detalles importantes: debe adquirir una visión más amplia e interactuar en una gama de sistemas sociales más extensa, teniendo en cuenta el efecto de las huelgas en la comunidad, la necesidad de apoyar las reclamaciones de sus compañeros, la situación económica del empresario y el efecto de la inflación.

Un empresario que rechaza la petición de un sindicato solamente porque desea las máximas ganancias, puede estar ignorando la situación económica del momento, los laudos que se otorgan a otros sindicatos y tal vez la ventaja del incentivo de ofrecer mejores salarios.

Necesitamos corregir las prácticas de explotación. Un individuo o grupo que se expande a expensas de otro subsistema, puede eventualmente ser la causa de que el sistema funcione mal e incluso causar su colapso. Un ejemplo de esta limitada visión es la forma en que se ha utilizado (o mal utilizado) el medio ambiente sin considerar los resultados de la contaminación, el aumento del efecto invernadero y el daño a la capa de ozono. Muchas industrias y consumidores utilizan materiales que no se pueden renovar sin considerar los efectos a largo plazo sobre el medio ambiente. Si adoptamos una perspectiva más amplia y una visión más completa, entonces nuestra industria, nuestro estilo de vida y la eliminación de los productos de desecho serán ecológicamente adecuados.

Existe la necesidad de sinergia (trabajar juntos) entre los sistemas que se interconectan estrechamente de manera que ninguna de las partes luchen entre sí. En cualquier organización el conflicto intenso sin resolver causado por la desincronización de las necesidades de los individuos, las secciones o la organización en sí puede causar ineficiencia y a veces el colapso total de la estructura de la organización. Los conocimientos que se necesitan para crear esta sinergia se ofrecen en este libro. Además, se deben fijar metas sincronizadas a todos los niveles.

Se necesita crear también una perspectiva del tiempo. ¿Estamos apoyando o resistiendo las fuerzas inevitables del cambio y del desarrollo? Existe en todos los sistemas vivientes el impulso de evolucionar hacia un mayor orden interno, so pena de degenerar o extinguirse. Pocos sistemas pueden mantener durante mucho tiempo un estado constante sin cambiar. En el sistema industrial la evolución tiene lugar en la tecnología. Hace cien años, nadie viajaba en aviones, veía películas por televisión o caminaba por la luna. La evolución ocurre en la sociedad dentro de las creencias colectivas y de los principios morales de cada orden social. Hace cien años, no mucha gente consideraba necesario otorgarle a la mujer el derecho a votar y se pensaba que su lugar estaba en el hogar; la esclavitud era ampliamente aceptada. Hace menos de treinta años a los aborígenes de Australia se les quitaban los hijos por la fuerza como resultado de la benevolencia mal entendida de la comunidad blanca.

¿Hacia dónde nos dirigimos en la evolución de las ideas? Muchas prácticas se basan en una visión mundial obsoleta que necesita una reforma urgente. En muchos países las mujeres están todavía luchando por la igualdad de salarios. ¿Cuánto tiempo debe pasar antes de que se comprenda que ellas tienen un papel en la protección del medio ambiente? ¿Cuánto tiempo debe pasar antes de que reconsideremos las así llamadas prácticas democráticas que ponen a un gobierno en contra de una parte opositora sola o combinada, que no solamente limita la efectividad de un alto número de representantes elegidos, sino que también tolera la infamia y la competencia desleal como formas legítimas de gobernar un país? ¿Cuándo se responsabilizará a la prensa de las situaciones que se exacerban a causa de sus informes sensacionalistas? ¿Cuándo comenzará la prensa a considerarse líder en la resolución de conflictos comunitarios?

Algunas de nuestras creencias deben sus orígenes a la memoria colectiva de eras pasadas. Otras creencias pertenecen al futuro; estas creencias no se conocen lo suficiente como para formar parte de las creencias colectivas de la sociedad. En el siglo XIX, John Stuart Mill escribió: «Cada era mantiene opiniones que las generaciones subsiguientes suelen encontrar no solamente falsas, sino absurdas»[2]. La perspectiva que debemos mantener es la de aceptar el hecho inevitable de la fluctuación y el cambio.

Recuerda que los puntos de vista y las prioridades que no se pueden cambiar en este momento es poco probable que permanezcan así para siempre; fuerzas transformadoras están actuando bajo de la superficie. Sin embargo, la gente todavía lucha por defender sus creencias como si éstas fueran verdades eternas. Considera la protesta pública contra los que solicitaban quedar exentos durante la guerra en Vietnam. Muchas personas todavía están convencidas de que la naturaleza humana está arraigada en el enfoque «Yo gano / Tú pierdes», y que por lo tanto la guerra es una consecuencia natural. Estas personas perciben la vida como una competencia despiadada. Tal vez un día, cuando «Tú ganas / Yo gano» se haya convertido en un triunfo del sentido común, una filosofía de la vida «Yo gano / Tú pierdes» parecerá absurda y bárbara. En la era nuclear la guerra no es ya una estrategia «Yo gano / Tú pierdes»: cualquier guerra es probable que sea «Yo pierdo / Tú pierdes».

A medida que nos acercamos al siglo XXI las alternativas «Tú ganas / Yo gano» resultan más atractivas, particularmente en la política interna y en el medio ambiente global. Necesitamos adoptar un enfoque con el que todos podamos ganar.

Necesitamos incluir una perspectiva global que considere al individuo, a la sociedad y al planeta como un sistema total donde cada parte afecta el todo. Necesitamos crear un concepto de internacionalismo. Esto no implica que se deba perder la identidad nacional. Golda Meir, la ex-primera Ministra de Israel dijo: «El internacionalismo no significa el fin de las naciones individuales. La existencia de las orquestas no significa que los violines deban desaparecer».

Gwynne Dyer, autor y narrador de la serie de televisión «Guerra», dijo:

Era el destino de alguna de las generaciones de la humanidad afrontar la tarea de terminar con la guerra, porque la civilización iba a dotarnos, tarde o temprano, con el poder de destruirnos a nosotros mismos. Nosotros somos esa generación, aunque no hemos pedido ese honor y no estamos preparados para ello. No existe nadie más sabio que pueda tomar esa responsabilidad y que pueda resolver el problema por nosotros. Tenemos que hacerlo nosotros mismos.

Tenemos que volver nuestra atención a las áreas de relaciones internacionales que tradicionalmente se dejaban en manos de los expertos, porque éstos a veces ven solamente sus propios puntos de vista. Es fácil catalogar a los que apoyan el desarme nuclear como «pacifistas» e igualmente fácil descartar como «monstruos de la guerra» a aquellos que tienen la seguridad de la nación en sus manos.

Esta clase de estereotipos y formas simplistas de pensar no resolverán un problema de tal magnitud. No se pueden descartar las necesidades legítimas de seguridad de un país, pero una fuerza militar forma solamente una parte muy pequeña de esa seguridad. Se asegura un nivel más profundo de seguridad si se pueden establecer una serie de relaciones valiosas, creando una atmósfera en la cual los conflictos se resuelvan teniendo en cuenta las necesidades de todos.

Si se puede lograr esto, las fuerzas armadas y los que desean la paz se vuelven compañeros, no contrincantes. Un enfoque pacífico y el establecimiento de relaciones internacionales son estrategias nacionales de defensa tanto como lo son la guerra, las armas y la confrontación.

La Propuesta de los Tratados Bilaterales de Paz de la Asociación de las Naciones Unidas de Australia ofrece bases sólidas para la seguridad internacional. Tiene como meta establecer una serie de relaciones individuales en los asuntos internacionales. Solicita que cada estado ofrezca a otros estados miembros de las Naciones Unidas un Tratado Bilateral de Paz que contenga las siguientes propuestas:

1. Solucionaremos todas las disputas entre nosotros mediante la negociación u otros medios pacíficos.
2. No seremos nunca los primeros en recurrir a la fuerza, la violencia o la guerra entre nosotros o con otro estado.

Firmar y celebrar los Tratados Bilaterales de Paz que contienen estos acuerdos son acciones inapreciables que ayudan a construir la paz.

Los cínicos opinan que es normal para nuestra naturaleza humana resolver los problemas violentamente. Es verdad, pero la naturaleza humana solamente hace posible la guerra, no hace que la guerra sea inevitable.

Se requieren perspectivas más amplias para considerar efectivamente todos los elementos que componen la paz mundial. Cada miembro de la comunidad tiene un papel que desempeñar. La seguridad internacional reside en una base de relaciones comunitarias pacíficas donde las personas resuelven los conflictos satisfactoriamente. En otras palabras, la paz nacional reside en el centro de la paz internacional. La gente común, que soluciona sus problemas efectivamente construye una comunidad que resuelve conflictos. Las comunidades que resuelven conflictos son los bloques que construyen un mundo de paz.

Se requiere valor para reconocer otros puntos de vista y otras perspectivas sin sucumbir a ellas. La fe en la verdad y la justicia nos da ese valor. Las creencias que se basan en la falsedad y en la avaricia se pueden corregir si estamos dispuestos a tener una visión más amplia. Ampliar nuestra perspectiva es como escalar una montaña para ver mejor el horizonte. Solamente desde estas perspectivas más elevadas podemos encontrar un significado en los hechos perturbadores y en las circunstancias que aparentemente no están conectadas entre sí.

Solamente desde esta perspectiva elevada podemos comenzar a vislumbrar un mundo para todos. Solamente desde allí podemos aprender a comportarnos como una comunidad global y a pensar como un planeta.

NOTAS

[1] Peter Russell, *La Tierra Inteligente* (Gaia Ediciones).
[2] Marilyn Ferguson, *La conspiración de Acuario* (Editorial Kairós).

PREGUNTAS GUÍA

PREGUNTAS GUÍA

Es hora de ponerse en acción
Utiliza estas preguntas como una guía
para resolver el problema

1. «TÚ GANAS / YO GANO»

¿Cuál es mi verdadera necesidad? ....

....

¿Cuál es la necesidad de ellos? ....

....

¿Quiero que funcione para ambos? ....

2. RESPUESTA CREATIVA

¿Qué oportunidades puede aportar esta situación? ....

....

¿En vez de pensar en «cómo debería ser», puedo encontrar posibilidades en lo que «es

ahora»? ....

....

3. EMPATÍA

¿Cómo es estar en el lugar de los otros? ....

....

¿Qué están tratando de decir? ....

....

¿Les he escuchado realmente? ....

....

¿Saben que si les estoy escuchando?...

....

4. ASERTIVIDAD ADECUADA

¿Qué quiero cambiar? ....

....

¿Cómo les puedo decir esto sin culpar ni atacar? ....

....

¿Es ésta una afirmación acerca de cómo me siento, en vez de qué está bien y qué está mal? ....

....

5. EL PODER COOPERATIVO

¿Estoy usando el poder inadecuadamente? ....

¿Lo están haciendo ellos?..

En lugar de oponernos, ¿podemos cooperar? ....

....

6. MANEJAR LAS EMOCIONES

¿Qué estoy sintiendo?...

....

¿Les estoy culpando por mis sentimientos? ....

....

¿Ayudará que les diga cómo me siento?..

....

¿Qué quiero cambiar? ....

....

¿He eliminado de mi respuesta el deseo de castigar?..

¿Qué podría hacer para dirigir mis sentimientos? (escribir, hablar con un amigo, golpear un colchón) ....

....

7. EL DESEO DE RESOLVER

¿Quiero resolver el conflicto? ....

¿Está causado mi resentimiento por:

• ¿algo en mi pasado que todavía me hiere? ....

• ¿algo que no he admitido que necesito? ....

• ¿algo que no me gusta en ellos, porque no lo acepto en mí mismo?...............................

....

8. TRAZAR EL MAPA DEL CONFLICTO

¿Cuál es el asunto, problema o conflicto?
¿Quiénes son las partes importantes en este conflicto?
Escribe las necesidades de cada uno (ej. ¿cuáles son los intereses, cuáles son las ganancias de las sugerencias hechas?).
Escribe las ansiedades y temores de cada persona; (¿qué preocupaciones, ansiedades, intereses están influyendo en su comportamiento?)

¿Muestra el esquema intereses que tenemos en común? ....

¿Sobre qué necesitamos trabajar? ....

....

9. CREAR OPCIONES

¿Cuáles son todas las posibilidades? No las juzgues todavía, lo que parece imposible puede ser una fuente ideas.

....

....

....

....

....

¿Qué opciones nos dan más de lo que queremos? Sé creativo, mezcla y combina. ....
....
....

10. NEGOCIACIÓN

¿Qué queremos lograr? Sé claro acerca de los resultados, aunque cambies de dirección
después. ....
....

¿Cómo podemos hacer un trato justo por el que ambas personas ganen? ....
....

¿Qué me pueden dar? ....
....

¿Qué les puedo dar? ....
....

¿Estoy ignorando las objeciones? ¿Las puedo incluir? ....
....

¿Qué puntos quisiera que se incluyeran en el acuerdo? ....
....

¿Hay algo que se pueda incluir para ayudarles a quedar bien? ....
....

¿Es importante para mí quedar bien? ¿Necesito algo? ....
....

11. MEDIACIÓN

A. ¿Podemos resolver esto por nuestros propios medios o necesitamos ayuda de una
persona neutral? ....

¿Quién puede representar este papel? ....

....

....

B. ¿Es la mediación el papel más apropiado para mí?

¿Cómo prepararé y explicaré mi papel a ambas partes? ....

....

....

¿Puedo crear el ambiente adecuado para que la gente se exprese, se entienda y encuentre

encuentre sus propias soluciones? ¿Qué podría ser útil?

....

....

....

....

12. AMPLIAR LAS PERSPECTIVAS

¿Estoy mirando la situación total, no solamente mi punto de vista? ....

¿Cuál es el efecto de esto más allá del asunto inmediato? (Por ejemplo, en otras personas

o grupos.)...

....

¿Adónde puede llevar esto en el futuro? ....

....

**PARA MÁS INFORMACIÓN SOBRE EL TEMA DE LA
RESOLUCIÓN DE CONFLICTOS, PUEDES DIRIGIRTE A:**

A.I.E.E.F. (ASOCIACIÓN INTERDISCIPLINARIA ESPAÑOLA
DE ESTUDIOS DE FAMILIA)

Pº Santa María de la Cabeza, 6 - 2º izda.

28045 Madrid

Tel: 91 530 09 21

Fax: 91 530 86 02

«No dudo en recomendar este libro maravilloso. He comprobado
que todos los que lo ojean acaban llevándoselo a casa. *El poder del
Ahora* se vende por méritos propios y por el boca a boca.»
STEPHEN GAWTRY, director de la librería Watkins, Londres

EL PODER DEL AHORA
Un camino hacia la realización espiritual

ECKHART TOLLE

MÁS DE 600.000 EJEMPLARES VENDIDOS

Quizá solamente una vez cada diez años, o incluso una vez
cada generación, surge un libro como *El poder del Ahora*.
Hay en él una energía vital que casi se puede sentir cuando uno
lo toma en sus manos. Tiene el poder de hacer que los lectores
vivan una experiencia y cambien su vida para bien.»

MARC ALLEN
autor de *El arte de vivir en tantra* y *Visionary Business*

220 páginas, en tapa dura

COLECCIÓN RECRÉATE

EL ZEN DE LA PINTURA CREATIVA
Un enfoque revolucionario basado en los principios del Zen

JEANNE CARBONETTI

La única forma que tiene el artista de crecer en visión o poder es la de ser él mismo de manera pura, simple, desbordante y completa. Todos somos creadores; y el mejor modo de crear es utilizar todo nuestro ser, esto es, hacer una unidad con el cuerpo, la mente y el espíritu. Los maestros del Zen nos dicen que alcanzaremos de una manera natural este estado unitario si trabajamos con el corazón; con lo que nuestro trabajo se santifica y adquiere la expresión del verdadero yo. Es el reino de la Inspiración.

Si prometes en secreto encontrarte a ti mismo, el proceso se desarrollará con toda facilidad y tus creaciones fluirán sin interrupción alguna. Porque dentro de la disciplina Zen, si quieres apreciar el misterio que tú representas, tienes que permitir que se revele tu propio yo en vez de imponer la dirección que vas a tomar.

Esta obra nos ayuda a encontrar esta Inspiración.

112 páginas ilustradas a todo color

EL TAO DE LA ACUARELA
Un enfoque revolucionario basado en los principios del Tao

JEANNE CARBONETTI

Una obra extraordinaria en la que la eminente artista y profesora Jeanne Carbonertti enseña la técnica de la acuarela empleando cinco principios esenciales del Tao: Centramiento, Juego, Equilibrio, Deliberación y Fluidez, aportando a la técnica de la acuarela sorprendentes enfoques que ilusionarán y acentuarán la sensibilidad del lector y a todo amante de la pintura (veladuras, humectación, bodegones, paisajes...).

La autora pretende que su obra sea una fuente de placer en el camino personal, sabiendo que aunque no es tarea fácil encontrar una forma que capte aquello que equidista entre «lo que está aquí dentro» y «lo que está ahí fuera» es algo que merece la pena y, como dirían los pintores y los maestros del sumi-e y del Tai Chi, es algo que está también impregnado de un carácter sagrado.

112 páginas ilustradas a todo color

EL DERECHO Y PLACER DE ESCRIBIR
Curso de escritura creativa

JULIA CAMERON

Los ectores descubrirán que escribir no es una capacidad limitada a otros, a «los escritores»: es algo mucho más simple y, a la vez, más vasto. Es un derecho, un placer, una meditación, una terapia... No existe, pues, un «mal escrito». Es imposible, porque el mero hecho de escribir es ya, en sí mismo, un éxito seguro.

Basándose en sus más de treinta años de experiencia como escritora y empleando sus técnicas de creatividad reconocidas internacionalmente, Julia Cameron muestra aquí cómo todos podemos liberar nuestra riqueza creativa mediante la escritura, experimentando hallazgos y satisfacciones inimaginables.

Tanto quienes salten por primera vez a la creación literaria como quienes ya viven de ello, descubrirán que el arte de escribir ya no es lo mismo tras haber leído este libro.

EL DIARIO CREATIVO
Un revolucionario método para desarrollar la creatividad

Lucia Capacchione

Una obra pionera de autoayuda utilizada en todo el mundo y un programa de actividades tan simple y efectivo que multitud de psicólogos y terapeutas lo emplean con sus clientes.

EL PODER DE TU OTRA MANO
Cómo descubrir y expresar nuestra sabiduría intuitiva y creativa

LUCIA CAPACCHIONE

Un delicioso libro que nos desvela y nos hace contactar con el inmenso y desconocido potencial creativo del hemisferio cerebral derecho.

TÚ SABES, TÚ PUEDES
Técnicas para desarrollar y potenciar las aptitudes de niños y jóvenes

Maureen Murdock

Presenta ejercicios de visualización guiada muy fáciles de realizar y que están especialmente diseñados para ayudar a niños desde tres años hasta a jóvenes de dieciocho.

ARTE-TERAPIA
*Guía de autodescubrimiento
a través del arte y la creatividad*

PAT B. ALLEN

Hacer arte es a la vez una vía de
conocimiento, una actividad sanadora y la
forma más eficiente de liberar nuestros
recursos creativos. Bastan un lápiz y un
papel... y la habilidad que teíamos de niños.

TÚ PUEDES LOGRARLO
*Guía práctica y creativa para
descubrir el propósito de tu vida
y tu camino con corazón*

DRA. BEVERLY POTTER

Una guía práctica llena de dibujos,
anécdotas y ejercicios, que emplea los
más vanguardistas principios de
aprendizaje acelerado. Con ella
aprenderás a clarificar tus valores, a
descubrir el sentido de tu vida y tu
misión o propósito.

COLECCIÓN RECRÉATE
Libros de Autoayuda y Creatividad

Si deseas recibir información gratuita sobre nuestras novedades

- Llámanos

  o

- Manda un fax

  o

- Manda un e-mail

  o

- Escribe

  o

- Recorta y envía esta página a:

C/ Alquimia, 6
28933 Móstoles (Madrid)
Tel.: 91 617 08 78
Fax: 91 617 97 14
e-mail: editorial@alfaomega.es - www.alfaomega.es

Nombre: ....

Primer apellido: ....

Segundo apellido: ....

Domicilio: ....

Código Postal: ....

Población: ....

País: ....

Teléfono: ....

Fax / e-mail: ....

Tú ganas, yo gano